Ich fühle mich manchmal wie ein Tropfen Tinte von einem Buchstaben von einem Wort von einem Satz von einem Artikel von einer Seite aus einer Zeitung, in die eine Schnitzelsemmel eingewickelt war, die ein Mann, während er sie gegessen hat, so anschaute, als ob er dachte: Das ist die beste Schnitzelsemmel auf der Welt.

Christoph Theußl (Liedermacher und Philosoph)

Thomas Manegold: MORBUS ANIMUS
Psychopathische Geschichten und Tiraden

4. durchgesehene Auflage, Dezember 2019, Periplaneta Berlin

Inh. Marion Alexa Müller, Bornholmer Str. 81a, 10439 Berlin
www.periplaneta.com - impressum@periplaneta.eu

Texte: Thomas Manegold, Marion Alexa Müller*
Logo, Bilder & Cover: Thomas Manegold, Marion Alexa Müller
Satz & Layout: Thomas Manegold
Lektorat & Beistand: Judith Friede

Gedruckt in Deutschland
Gedruckt auf FSC- und PEFC-zertifiziertem Werkdruckpapier

ISBN: 978-3-95996-178-3

Thomas Manegold
feat. Marion Alexa Müller

morbus animus

Psychopathische Geschichten und Tiraden

periplaneta

Inthronisation 3.0

Manchmal denke ich, was alle denken: Ich habe es nur mit Verrückten zu tun. Aber es ist, wie es bei allen ist, die denken, dass sie es nur mit Verrückten zu tun haben: Verrückt bin ich selbst, nicht die Anderen.

Das ist keine Schuldfrage, sondern ein Mengenproblem: ICH (Einzahl) denke, dass ich es nur mit Verrückten (Mehrzahl) zu tun habe. Verrückt ist aber immer die Minderheit.

Die Minderheit wovon? Von einer sich durch Gemeinsamkeiten, Befindlichkeiten, Süchte und Zwänge definierenden Menschenmasse mit geographischen Bezugspunkten und territorialen Ansprüchen und mit doktrinären Vorstellungen von Recht, Moral, Ethik, Ästhetik und Religion. Von einer Gesellschaft.

Von einer Gemeinschaft?

Ich bin der Verrückte. Exzentrisch. Was ja so viel bedeutet, wie „Aus der Mitte". Für den Exzentriker gibt es kein Wir. Es existiert in seiner Wahrnehmung nur das Ich und die Anderen. Seine Welt ist nicht eure Welt. Seine Welt ist eine gänzlich andere. Und das führt ihn früher oder später zu einem Menschen, der versucht, ihn davon zu heilen. Leider sind die Psychiater aber keine Exzentriker (oder sie geben es nicht zu). Ergo versuchen sie dir die Welt der Anderen zu erklären und dir deine wegzunehmen. Mit jeder Sitzung wird so der Exzentriker näher an die bittere Erkenntnis geführt, dass er diese eine Welt, von der alle behaupten, dass sie die einzige ist, nicht haben will. In dem Maße, in dem man ihm die eigene Welt als Illusion verkaufen will, stellt er fest, dass diese eine Wahrheit eine Lüge ist und eigentlich jeder eine eigene Welt besitzen müsste.

Es entsteht die Utopie von einer Welt voller Exzentriker.

Also von einer Welt, die keine Mitte hat.

Das Paradies ist ein Garten voller schräger Vögel.

Und die Hölle ist eine Hühnerfarm.

Die Mehrheit bestätigt sich in dem, was sie gemeinsam tut. Der Verrückte ist deshalb verrückt, weil er das, was die Mehrheit in seinem Umfeld eint, nicht akzeptiert. Der Verrückte ist immer derjenige, der geht, weil alle Gemeinschaften sich selbst erhalten und deshalb stagnieren.

Das, was die Menschen eint, fesselt sie. Es bestätigt sie, es verbindet, es ist warm und weich. Bewegung ist immer rebellisch in den Augen der Mehrheit. In den Augen derer, die **das** machen und meinen, was **alle** machen und meinen. Aber Bewegung ist eigentlich der Normalzustand. Frag mal einen Physiker, wie viel Kraft notwendig wäre, die Erde **nicht** auf die Sonne klatschen zu lassen, wenn sich diese dämliche Kugel **nicht** bewegen würde. Die Erde existiert, **weil** sie sich bewegt. Stillstand ist der Tod, in diesem Falle sogar der durch Verbrennen.

Die Mehrheit hat mehr Angst davor, Schuld an **ihrem** Scheitern zu haben, als vor dem Scheitern selbst. Sie setzt alle Energie dafür ein, um für diesen Fall gerüstet zu sein. Sie baut sich Ausreden für jede Form des Scheiterns, führt Buch über Alibis. Falls das Gewissen mal nachfragen sollte, wo man denn damals gewesen sei, als es Glück und Erfolg auf dem Marktplatz für einsfünfzig das Kilo zu kaufen gab.

Die Mehrheit lässt andere für sich entscheiden, nur um nicht schuld sein zu müssen. Sie gewöhnt sich Ziele, Träume und Visionen einfach ab, damit sie nicht daran scheitern kann. Geht kein Risiko ein. Wer das Haus nicht verlässt, wird nicht vom Auto überfahren? Was für ein Irrglaube!

Schließlich wissen wir alle, dass so mancher LKW-Fahrer mit kaputten Bremsen in irgendein Wohnzimmer donnerte.

Und auch Donnie Darko wurde, in seinem Jugendzimmer, im Bett liegend und schlafend, von einem Flugzeugtriebwerk erschlagen!

Jeder weiß im Grunde, dass Scheitern mehr soziale Fürsorge mit sich bringt als Erfolg. Das Mitleid für den Verlierer ist allemal besser als der Neid und der Erfolgsdruck, der demjenigen entgegenschlägt, der es schafft. So versuchen alle, ein bisschen Sonne abzubekommen und Zettel zu haben, die beweisen, dass sie am Lichtanmachen beteiligt waren oder zumindest denjenigen gekannt haben, der mit dem verwandt ist, der das Solarium gekauft hat. Jeder Mensch will nicht nur einen Platz an der Sonne, sondern hegt auch den unerschütterlichen Glauben, dass er ein Recht darauf hat und natürlich für das Hautkrebsrisiko nicht zuständig ist. Vorsorglich beschwert man sich schon während des Sonnenbades, dass es eigentlich zu heiß sei und zu hell ...

Dieses System funktioniert auch jenseits der Krebsfabriken, wenn Mensch sich am Erfolg, am Reichtum, an der Macht eines anderen wärmt. Aber Menschen, die sich in die metaphorische Sonne legen, sollten nie darüber schimpfen, dass sie leuchtet, ihr das Licht nicht neiden, das sie vergeudet.

Sie kann doch auch nicht anders ... diese blöde Sonne!

Und diese Leute sollen sich nicht darüber aufregen, dass die Blumen, die das Licht bestrahlt, nicht wachsen wollen, denn es ist **ihre** Sonnenliege, die den Blumen das Licht raubt, **ihr** Neid, **ihre** Lethargie!! Ach, würden sie wenigstens in der Sonne liegen und brutzeln, während die Blumen im Schatten ihrer Ärsche in eine Depression verfallen! Ach, würden die Pflanzen unter den Pritschen wenigstens für eine gute Sache verkümmern!

Aber diese Leute gehen einfach morgens an den Liegen vorbei, werfen ein Handtuch drüber, um sie als ihr Eigentum zu markieren und gehen anschließend in die Bar oder zum Arzt ...

Ihr Hunger nach Bestätigung nötigt sie lediglich, sich einmal die Woche *all inclusive* flachlegen zu lassen. Ansonsten sind sie sehr darauf bedacht, dass jene Dinge, die sie sich nicht trauen zu tun, auch nicht funktionieren. Sie alle wollen Posten haben, die Prestige, gleich welchen Umfangs versprechen. Sie stecken die Claims ab, bestellen aber die Felder nicht, die sie sich selbst zugeteilt haben. Sie stellen ein Schild auf den Acker und säen nicht. Nur um dann, wenn zufällig etwas blüht, zu sagen, dass es **ihr** Acker ist.

Alle reden ein bisschen drüber, damit es ihnen und anderen nicht auffällt, dass sie nichts tun. Wenn etwas schief läuft, waren sie es nicht, weil sie ja nichts gemacht haben.

Und wenn etwas klappt, geben sie die Autogramme.

Ich nutzte die Energie, meine Kraft, meine Exzentrik, um Dinge zu bewegen, anstatt sie dafür zu verschwenden, irgendeinen Schein zu wahren oder einen zu bekommen.

Ich wollte kein bequemes Leben haben. Ich wollte machen. Ich wollte brennen. Ich habe Ideen für die nächsten 1000 Jahre. Und ich begegnete nur Menschen, die keine Ideen haben und bei meinen nicht mitmachen wollten, weil es nicht ihre sind.

Aber es stimmt nicht, was mein Vater gesagt hat!! Ich fraß Weisheit mit dem Löffel, jawohl!!! Sie liegt ja auch überall rum, diese Weisheit, kostet nichts und schmeckt hervorragend. Jeder kann das: lernen, Bücher lesen, beobachten, googeln. Aber alle, die diesbezüglich nichts tun, hacken auf den Weisheitmitlöffelfressern rum. Warum tun sie das?

Manche Exzentriker beschwichtigen sich gegenseitig, wenn sie behaupten, es sei nur der Neid, aber das stimmt nicht.

Die Menschheit benimmt sich wie ein Schwarm Fische, keiner führt und alle folgen ihm. Wir sind Haie, denen andere Haie einreden, sie seien Sardinen, potentielle Opfer, und wer den Schwarm verlässt, endet angeblich als Kieler Sprotte in einem Blechsarg. Aber jeder Abtrünnige macht den Schwarm auch etwas kleiner und erhöht so das Risiko jeder Sardine, ebenfalls erwischt zu werden. Deshalb tun die Sardinenmenschen alles, um auch die anderen in ihrer Mitte zu halten. Reine Statistik. Nackte Angst. Und diese Angst hält euch alle zusammen.

Wer den Schwarm verlässt, landet nicht in der Konserve, er wird zum Hai unter Haien.

Und er hat einfach die Wahl, ob er Sardinenmenschen essen will oder seiner Wege schwimmt. Und diejenigen, die den Schwarm verlassen und sich von ihm abwenden, das sind in euren Augen die Allerschlimmsten! Sie haben die Möglichkeit, die anderen glücklich zu machen, indem sie ihre Überlegenheit ausspielen, zubeißen, bluten lassen. Aber sie tun es nicht! Was für eine Arroganz!

Menschen, von denen die Mehrheit glaubt, sie tun so, als könne ihnen niemand das Wasser reichen, haben meistens großen Durst. Sie sind allein, weil da keiner ist, der es tut ...

Ihnen das Wasser reichen.

Ich hatte mich sehr lange danach gesehnt, dass mal einer kommt, der mir etwas beibringt, Tipps gibt, Geld, Bestätigung, irgendeine verfickte Motivation, Anerkennung.

Aber alles, was ich kann, habe ich mir selbst erarbeitet, es ist mir nichts in die „Wiege gelegt" worden. Ich bin ein Arbeiterkind, das im Wald groß geworden ist. Ich bin manisch oder depressiv, manchmal sogar beides zusammen, manchmal Borderliner, manchmal schizoaffektiv. Ich habe Narben an den unmöglichsten Stellen am Körper und Hände, die bluten, obwohl es keiner sehen will; ich kann mir keine Zahlen merken, und keine Namen, und keine Gesichter. Und ich höre Stimmen.

Und gegen all das bekomme ich jetzt Pillen, dreimal täglich.

Ich hätte genug zu jammern. Wie jeder Mensch auch.

Aber ich jammere nicht.

Ich definiere mich nicht über meine Gebrechen und die Defizite, die ich angeblich habe, denn auch diese sind nur ein Mehrheitsproblem, genauso wie das Verrücktsein.

Aber das ist jetzt vorbei.

Hier werden SIE zwar nicht MEINE Mitte finden, aber sie werden mich zu einem von ihnen machen. Ich werde IHRER Mitte wieder zugeführt. Und dreimal täglich kommt eine nett lächelnde Frau, die mir das Wasser reicht und ganz genau aufpasst, dass ich auch all das schlucke, was sie mir erzählt. Gestern meinte sie, ich solle mich von den Stimmen befreien, die in meinem Kopf sind, indem ich aufschreibe, was sie mir sagen. Auf der Station nennen sie mich schon den Kopfkissenkiller. Aber alles Schlagen hat nicht geholfen. Das Elend in mir und um mich herum ist allgegenwärtig.

Und so habe ich schließlich zugestimmt und einen Kugelschreiber bekommen, nachdem ich der Frau hoch und heilig versprochen hatte, damit nur in das Buch zu schreiben und sonst das Schreibgerät nicht für andere Tätigkeiten zu benutzen oder benutzen zu lassen. Was soll man auch anderes mit einem Kugelschreiber machen, außer Schreiben? Kugeln?

Und Pulsadern lassen sich mit einem Plastiklöffel viel einfacher öffnen.

Was will ich mehr? Ich habe ein Zimmer, ich darf raus in den Garten und ich mache Fortschritte, sagen sie.

Fortschritte? Was für ein Wort! Wie falsch das klingt, in abgeschlossenen Räumen mit vergitterten Fenstern. Wohin kann man da schon fortschreiten? Meistens ist an einer Wand Schluss. Ende. Und selbst wenn diese Tür hier offen ist, wird jeder Schritt beobachtet. Ja, auch so kann man Verfolgungswahn therapieren. Sie geben dir einfach einen Grund, dich verfolgt zu fühlen. Die Paranoia verliert ihren Schrecken. Früher sagte man immer: Das bildest du dir nur ein.

Hier behaupten sie das zwar auch, aber sie lügen und beobachten dich, wie du sitzt, wie du isst, ob du deine Pillen nimmst, sie schauen dir beim Kacken zu und sind live dabei, wenn du dir einen runterholst. Dann erhöhen sie die Medikation, damit du dir keinen mehr runterholen kannst.

Doch das ist nicht das Schlimmste. Die Pillen weichen das Hirn auf und jedes Mal, wenn ich mich mit meinem Notizbuch auf dieses Bett setze, den Kugelschreiber in die Hand nehme und meine Stimmen dem Papier anvertrauen möchte, werde ich einfach nur müde. Manchmal weiß ich noch nicht mal, mit welcher Hand ich eigentlich schreibe. Mit der rechten oder der linken … Und wo ist eigentlich rechts? Nichts bleibt haften.

Die zähen Gedanken versickern auf dem Weg vom Hirn zum Papier. Schreiben ist simultanes Übersetzen von Gedanken. Das Hirn schickt sie los und irgendwo bleiben sie einfach auf der Strecke ... Ich vermute, dass sie in meinen Armen hängen bleiben. Die werden nämlich schwer und schlafen ein, wenn ich zu laut nachdenke. Und wenn die Gedanken nicht fließen wollen, muss ich sie befreien, ja, befreien aus ihrem Gefängnis.

Ich setze den Stift am rechten Handgelenk an und male eine blaue Linie bis in die Armbeuge. Die Linie ist dünn und an manchen Stellen noch unterbrochen. Ich ziehe den Stift wieder zurück zum Handgelenk. Ja, das ist schon besser. Unter der blauen Linie beginnen die Gedanken zu klopfen.

Sie wollen raus, auf das Papier. Akribisch ziehe ich die nunmehr durchgehende Linie wieder nach, sie wird dunkler.

Hin und her tanzt nun der Stift, erst langsam ... ssssstt ... und dann immer schneller. Die Gedanken klopfen lauter.

Immer lauter. ... ssssstt ... Sie wollen sich nicht einsperren lassen, nicht totschweigen lassen.

Sie wollen gehört werden. ... ssssstt ...

Sie wollen sich nicht verbieten lassen ... ssssstt ... Damals haben sie immer hinter vorgehaltener Hand gesagt ... ssssstt ... ich könne denken, was ich wolle, aber das stimmte nicht ... Schon in der Schule wollten fette frustrierte Frauen ... ssssstt ... dass ich an meiner persönlichen Meinung arbeite ... ssssstt ... Das Gedankenverbrechen existiert seit 1948 ... ssssstt ... Haut kann brennen, wie Papier ... ssssstt ... Haut kann reißen wie Papier ... ssssstt ...

Doch die Gedanken ... ssssstt ... sind ... ssssstt ... frei.

Und das Notizbuch saugt sie auf, bevor sie die Tür öffnen:

„Let There Be Leid“

Dies ist kein Ratgeber, sondern eine Bibel. Also Gottes Wort, dem widerspruchslos zu gehorchen ist. Es ist mir nicht von Gott diktiert worden. Vielmehr ist es so, daß Gott sich entweder keinen Schreiberling mehr leisten konnte oder es einfach satt hatte, daß diese Wichtigtuer dann die ganze Kohle, die ganzen Weiber und den Ruhm abbekamen. Also hat Gott selbst Hand angelegt, das erste Mal seit der ersten Auflage des alten Testaments. Und das ist, wie der Name schon sagt, sehr, sehr lange her.

Wer dieses erste Buch von Gott gelesen hat, weiß, daß der Schöpfer uns einst nach seinem Ebenbilde gezimmert hat, jedenfalls behauptet er das steif und fest. Es könnte natürlich auch sein, daß dies alles totaler Mumpitz und das erste Buch Gottes eine Fälschung ist. Aber in beiden Fällen wäre jeder Mensch sein eigener Gott, jedenfalls ein bißchen. Zumindest, wenn es um sein Dasein in jenen vier Dimensionen geht, die er zu begreifen und zu gestalten gerade imstande ist.

Der Rest geht ihn sowieso nichts an.

Das ist weder blasphemisch noch krank, liegt doch der Ursprung jener Anschauung der Welt in Köpfen, die zwar längst verrottet sind, es jedoch zu ungleich mehr Anerkennung brachten, als mir jemals zukommen wird. Spinoza, Philo, Osho, eine ganze Horde weiterer hochgeachteter Denker aller Glaubensrichtungen, sogar einige noch lebende Popstars der Esoterikszene wie der Dalai Lama wissen, daß man über den EINEN, der jenseits jeder Dualität existieren soll, nicht streiten muß.

Es gibt Sinnvolleres und Wichtigeres für das bißchen Gott zu tun, was in uns schlummert. Der Mensch kann einzig durch Erschaffen, durch kreatives, bewußtes Handeln einen Sinn im Leben erfahren. Es ist seine Aufgabe, sich und die Welt schöpferisch zu bereichern. Die Voraussetzung für jenes bewußte Handeln ist, Sie ahnen es bereits, das Denken …

Jeder Realisierung geht eine geistige Arbeit voraus, die Welt entsteht im Kopf. Dabei ist es vollkommen Wurst, ob das nun Gottes Kopf ist, Ihrer oder meiner … Am Anfang war das Wort, weil Schöpfung Abstraktion und jede Verlautbarung eine Stimme verlangt.

Denn Stimmen sind die Basis für eigene Bilder im Kopf, außer bei denen, die sich nur noch fertige Bilder anschauen.

Ich habe Angst vor Menschen, die keine Stimmen im Kopf haben. Ich habe Angst vor Menschen, die den Stimmen in ihrem Kopf einen Namen geben. Ich habe Angst vor Menschen, die nicht auf diese Stimmen hören. Mehr gibt es eigentlich nicht, was einen Menschen oder Gott ängstigen sollte. - Vielleicht noch Leute, die jene Stimmen aus ihrem Kopf vertreiben wollen. Hören Sie bitte auf diese Stimmen und tun Sie, was diese Ihnen erzählen. So lange Sie dabei bewußt und eigenverantwortlich handeln, kann eigentlich nichts schiefgehen. Die Grundlage für bewußtes, kreatives Handeln sind Visionen. Also Bilder, die innen entstehen, durch Denken, Schlußfolgern, Meditation und Affirmation, durch einen Dialog mit sich selbst. Der Mensch ist glücklich, wenn er weiß, daß Leiden dann entsteht, wenn man den freien Willen ignoriert und daß Freiheit nichts anderes ist, als uneingeschränkte Eigenverantwortung.

Ich kann nur mit Menschen, die praktizieren, was sie predigen.
Die Worte haben und ihnen Taten folgen lassen.
Und ich denke, daß es Gott genauso geht.

Public Viewing

Wenn man stirbt, läuft ein finaler Film vor dem sogenannten inneren Auge ab. Der Film des Lebens. Die Zeit bleibt stehen, jedenfalls für diejenigen, die vor dem Sterbebett knien und damit beschäftigt sind, im Angesicht der Vergänglichkeit ihren Glauben an den alten Mann mit Bart zu reanimieren. Auch die anderen, die das Unvermeidliche bis zu diesem Zeitpunkt mit Strom, Drogen, Schlägen auf den Brustkorb und Zungenküssen zu vermeiden versuchten, machen dann nichts mehr, stehen da, schauen enttäuscht oder versuchen, cool zu bleiben. Doch für den Vergehenden geht der Punk ab.

Noch vor einer verfickten Sekunde lag ich in diesem Bett, sie hatten es durch die Blutlachen gerollt, dabei sinnlos durch die Gegend gebrüllt, meinen Arm eingewickelt, mich verkabelt und Schläuche in mich reingesteckt.

Ich verursachte ein rhythmisches Piep . Piep . Piep.

Der stechende Dauerton kommt allerdings nicht von mir. Ich konnte ja nicht wissen, dass Maschinen so nachtragend sind. Wenn niemand mehr Piep . Piep . Piep hineinruft, machen sie einfach Pieeeeeeeeep ...

Der Ton wird immer leiser ... Ich schwebe über dem Bett mit den Gurten, dann über dem Emergency-Zimmer und schließlich über dem Klinikgebäude, das immer kleiner wird, bis meine Google-Earth-Erfahrung kapituliert. Inzwischen dürfte die Krankenschwester eingetroffen sein.

Ich bin auf dem Weg zum Finale Grande. Public-Viewing ohne Public ist angesagt. Also Public-Viewing als Modewort der entarteten deutschen Sprache.

Eigentlich ist das ja ein englischer Begriff und er steht, aus Sicht des Pathologen oder Bestatters, für den Vorgang der

Leichenzurschaustellung zum Zwecke der Identifizierung oder zum Abschiednehmen, bevor man den Korpus verheizt oder eingräbt.

Aber wir Germanen haben uns irgendwie darauf verständigt, damit das gemeinsame Fernsehen zu bezeichnen. Ich fand das anfangs grotesk, aber nach meinem ersten Public-Viewing-Erlebnis erschien mir der Begriff dennoch sehr treffend. Hirntote gucken auf eine Leinwand und die paar Lebenden unter ihnen bekommen Angst, weil sie offenbar die Einzigen sind, die wissen, dass auf der Bühne nur ein Film läuft.

Heute bin ich zum ersten Mal der Hirntote und es ist mein Film und meine Party. Mehrere Tieflader bringen Bühnenteile und schweineteure Livetechnik auf den leeren Platz und zum ersten Mal machen alle, was ich will. Sie bauen eine riesige Bühne auf, holen mein bepisstes Bettlaken unter meinem nackten Arsch hervor und spannen es in eine riesige Traverse.

Check ... Check ... Check.

Inzwischen dürfte der Rettungsarzt an meinem Bett angekommen sein und auf mir herumturnen. Die Krankenschwester hatte sich nicht dazu herabgelassen, mich eigenmündig aufzupusten. Stattdessen haben sie mir eine vollkommen unerotische Maske aufgesetzt.

Der Elektroschock-Apparat wird ans Bett gefahren.

Egal, hier bei meiner Party geht's gerade los. Die Gitterzäune werden zu schmalen Eingängen verschoben und die Security beginnt mit der Leibesvisitation. Ich stelle mich in die Reihe, die zu der hübschen Frau in der krachledernen Uniform führt und als ich endlich dran bin, habe ich sofort eine Erektion. Zwei wunderschöne Hände, die genau wissen, was sie tun, tasten mich ab und ich schließe die Augen. Erst als der dazugehörende, dunkelrot umrandete Mund laut zu lachen anfängt, öffne ich sie wieder.

Ja, ich habe nichts drunter und ja, ich weiß, dass wir hier nicht auf der Loveparade sind. Schließlich gehen wir hier einzeln durch einen Tunnel. Jeder für sich.

Kein Stoßen. Kein Trampeln.

Auf der anderen Seite ist erstaunlich viel los. Ich wundere mich, schließlich ist das hier MEIN Film. Doch entgegen meiner Vorstellung von einer privaten Abschlussparty, in der ich der einzige Mann bin, der von 100 Frauen betreut wird, drängen sich Tausende kahlgeschorene Männer im weißen Nachthemd, unten ohne, vor der riesigen Leinwand mit meinen Pissflecken.

Ich hole mir erstmal ein Bier und was zu Essen, ist ja alles umsonst heute. Als ich endlich an der Reihe bin, stockt mir der Atem, denn das Wesen, was mir gerade das Curry über die Schweinswürste streut, sieht genauso aus wie ich.

Klar, gutes Personal ist schwer zu bekommen und auch vor dem Abnippeln musste ich schon alles selber machen.

Die Frage nach etwas Essbarem ohne Fleisch verkneife ich mir. Ich kenne die Antwort und in meiner Situation ist es sowieso Wurst, was ich esse.

Johlen und Pfeifen, als der Moderator endlich die Bühne betritt. Auch er hat eine Glatze und ein viel zu kurzes Nachthemd an. Er bedankt sich ziemlich gelangweilt bei den Sponsoren und Inspiratoren des Filmprojekts. Es fallen dabei so illustre und wohlklingende Namen wie Goldbrand, F6, Karo, Jack Daniels, Rothändle und am Ende sogar die Namen meiner Eltern.

Auf der Leinwand beginnt ein Countdown.

Bei „Null“ ist nur noch ein schwarzes Bild zu sehen, dann etwas hässliches Weißes in der Mitte. 48 Stunden kämpft die Made gegen einen Sog, der sie aus der Geborgenheit reißen will. Dann blitzt Stahl auf, der Damm bricht und Wasser ergießt das Gewürm nach draußen, in eine kalte Welt voller riesiger pelziger Aliens. Sie packen die Made, schütteln sie durch, die Made schreit und dann steckt sie einer der Aliens in ein Gehege, in dem noch andere Maden herumschreien. Kameraschwenk. Ein paar Monster stehen um den Wurm herum, einer schlägt auf ihn ein. Das ist ja widerlich!

Es ist wirklich nicht schlecht, dass man seine eigene Geburt und die frühe Kindheit vergisst. Bei all dem Blut bekommt man ja einen Schock fürs Leben! Und was sie mit dir bis zum dritten Lebensjahr alles anstellen, willst du gar nicht wissen.

Die Kamera wechselt in die Perspektive der kleinen Made. Ein Gesicht, das die ganze Leinwand ausfüllt, schneidet Grimassen und plappert pausenlos auf die Kamera ein. Die Made piepst und schmatzt, und das Monster piepst und schmatzt zurück. Überhaupt benehmen sich alle um die Made herum sonderbar. Sie versuchen, sie zu imitieren, anstatt ihr etwas beizubringen. Aber die Aliens füttern die Maden. Langsam werden sie größer, bekommen Haare und beginnen, sich pausenlos zu verrenken und zu verbiegen, bis sie genau wie die Aliens aussehen.

Ich trinke mein Bier aus und werfe die leere Flasche und die Currywurst samt Pappteller auf die Bühne.

Ich weiß, wie der Film weitergeht.

Die Made wächst und verpuppt sich, dann schlüpft aus ihr ein großer schöner Nachtfalter und in dem Moment, wo er losfliegen will, werden ihm die Flügel abgeschnitten.

Dann werden ihm auch noch die Fühler gestutzt.

Der Schmetterling, den alle verächtlich Butterfliege nennen, wird umerzogen zur Ameise.

Am Ende des Crashkurses entscheiden die Monster, ob er Arbeiter oder Soldat wird. Im Fall unseres Ex-Nachtfalters im Film wurde es schwieriger, denn der frischgebackenen Ameise wuchsen die Flügel immer wieder nach, scheinbar immer schneller, je öfter man sie beschnitt. Andere flügellose Ameisen sahen das mit wachsender Skepsis und versuchten, das Übel an der Wurzel zu packen. Zuerst drohten sie mit roher Gewalt, dann versuchten sie es mit Psychoterror und am Ende machten sie die

Drohung war. Aber erst in Kombination angewandte platonische und körperliche Grausamkeit zeigte Wirkung. Irgendwann schämte sich die Ameise für ihre Flügel und bekam deshalb Antidepressiva, bis sie vergaß, wie man die Flügel benutzt. Von da an war sie zwar ein komisch aussehendes, aber funktionierendes Mitglied der Gemeinschaft.

Werbepause.

Eine schlechte Band covert *„Living In A Box"* von Living In A Box und *„Der letzte Kunde"* von Silly. Die Masse beginnt zu johlen. Mir war gar nicht bewusst, dass ich so einen schlechten Musikgeschmack habe. Der Typ an der Bassgitarre bekommt einen Stromschlag, als er beim Refrain das Mikrophon versehentlich mit den Lippen berührt. Er fällt um, zuckt noch mal kurz und wird ins Backstage getragen. Dann beginnt der zweite Teil des Films.

In einer Kleinstadt in einem Saloon singen angesoffene Männer aus vollem Bierbauch *„Sweet Home Alabama"*.

Das wäre jetzt nicht weiter schlimm, läge besagte Häuseransammlung nicht in einer dünn besiedelten Gegend irgendwo in Deutschland und würden dabei nicht ausnahmslos alle Männer den linken Arm nach unten ausstrecken, die Hand gichtgleich verkrampfen, als wollten sie sich einen Schuss setzen, und sich dabei mit der rechten Hand am Geschlechtsteil herumspielen. Inmitten dieser Menschen, die alle mit Band-T-Shirts und bemalten Jeansjacken bekleidet sind, erkenne ich mich selbst. Kahler Kopf und viel zu kurzes Nachthemd. Was mache ich da eigentlich? Ah, ich stehe am Rand, dort, wo die Musik herkommt. Auf meinem Hemd steht „Jukebox". Immer wieder versucht ein Besoffener, mir Münzen in den Hintern zu stecken. Ich kneife beständig meine Arschbacken zusammen und stecke Musikkassetten in den Rekorder, die MIR gefallen.

Sie gefallen NUR mir und nicht den angesoffenen Männern.

Aber nicht nur den Leuten im Film, sondern auch allen Zuschauern hier vor der Leinwand scheint das alles nicht zu schmecken. Erste Buh-Rufe sind zu hören, als die Band zunächst *„Master Of Puppets“* von Metallica ankündigt und dann *„Smoke On The Water“* von Deep Purple spielt.

Erst als eine Frau die Bühne betritt, sich die Klamotten vom Leib reißt und dabei mit sächsischem Akzent *„Born in The USA“* von Bruce Springsteen anstimmt, klatschen alle mit erhobenen Armen im Rhythmus mit. Auch ich.

Born down in a dead man's town.

Dabei rutscht mein viel zu kurzes Nachthemd gefährlich weit nach oben, wie man auf den Monitoren neben der Bühne gestochen scharf sehen kann.

The first kick I took was when I hit the ground.

Die Masse grölt und bricht in schallendes Gelächter aus.

Die eingeblendeten Kameraschwenks über das Publikum gehen nahtlos in den dritten Teil des Films über.

Ein Demonstrationszug wird von blauweißen Wasserwerfern mit Biersalven von der Straße gespült. Ein Transparent mit der Aufschrift: *„Jeder Arsch muss an die Wand“* ist kurz zu sehen, bevor ein Gummigeschoss im Kameraobjektiv landet.

Dann sieht man nur noch Schatten, Schatten meiner selbst. Fassungslos sehen die Massen zu, wie die Silhouetten Maden aus faulen Äpfeln ziehen, sie an Wäscheleinen aufhängen und dann einfach bloß beobachten, wie sie Schmetterlinge werden, nur um ihnen dann die Flügel abzuschneiden. Die Flügel landen in den umliegenden Freudenfeuern, die genährt werden von gedrucktem Papier.

Immer wieder türmen meine Ichs hohe Scheiterhaufen auf. Scheiterhaufen, die Haufen des Scheiterns, übergießen sie mit Brandbeschleuniger und schreien laut: *„Es werde Licht“*. Dann fährt ein Blitz aus den schweren Wolken und plötzlich tanzen wir alle um das große Feuer. Wer nicht mitspringt, wird einfach hineingeworfen. Egal ob Frauen, Bücher oder Stasiakten, das Feuer ist immer das gleiche. Am Ende verbrennen wir kein Papier mehr, auch keine Frauen, nur noch Kopftücher, wegen der Umwelt.

Der schwarze Rauch wird weiß, die Menschen, die zuvor husteten, atmen tief durch und werden high. Erschöpft legt sich einer nach dem anderen auf die Wiese und schläft kichernd ein. Auch ich. Die Kamera zoomt an meinen offenen Augen mit den riesigen Pupillen vorbei an mein Ohr, in das gerade eine Armee Ameisen mit schwarzen Flügeln hineinmarschiert.

Film aus, vorbei. Und das war alles?

Der Ansager kommt wieder auf die Bühne.

„Und hier der Regisseur, der uns diesen Abend ermöglicht hat." Er deutet in meine Richtung und ein greller Spott wird auf mich gerichtet.

Die Masse ist plötzlich mucksmäuschenstill.

Alle starren mich an. Oder besser: Ich starre mich aus Tausenden von Augen an. Ich bin schockiert. Was für ein banaler, peinlicher Film.

Und dann gehe ich auf mich los.

Eine riesige Menschenmenge stürzt sich auf mich, die kurzen Hemdchen zittern. Ich wusste nicht, dass ich so wütend auf mich bin. Dabei war ich doch eigentlich immer ganz nett zu mir.

Sie stürmen auf mich los, ich muss hier weg. Mit wütend erhobenen Fäusten jagen sie mich in den Tunnel zurück.

Das Piep . Piep . Piep setzt wieder ein.

„Nahtoderfahrung“

Es ist schon fast belustigend, wie viele Bücher darüber geschrieben wurden, daß wir keine Bücher brauchen. Es ist schön und doch beängstigend, wie viele Menschen verkündeten, daß die Wahrheit in uns selbst liegt, es keine Antwort auf jedwede wichtige Frage zu vermitteln gibt. Und es ist erschütternd, wie viele Menschen sich an diese umständlich formulierten Offenbarungseide klammerten, wie an den letzten Strohhalm in den Wassern der Sinnlosigkeit. Die meisten sind trotzdem oder gerade deshalb im Selbstmitleid ersoffen, bettelarm oder mit einer Illusion glücklich geworden.

Alle Lehren, sowohl die als Wissenschaft etablierten und als Religion akzeptierten, als auch die als fauler Zauber, Sektenkult oder anderweitig verschrienen Ansichten, haben alle ihren Grund, ihre Wahrheit, ihren Irrtum. Natürlich sind einige davon nachvollziehbarer und manche mögen in euren Augen auch totaler Blödsinn sein. Sie alle haben aber weder versagt, noch den Lauf der Welt geändert. Sie sind der Lauf der Dinge, der einzig relevante Grund, weshalb sich diese Welt in unseren Köpfen dreht.

Und der Mensch paßt auf, daß es ein Kreislauf auf einer Ebene bleibt, denn er vermeidet in seinem Denken die Zerstörung der Irrtümer und die ausschließliche Duldung des Möglichen meisterhaft. Er schafft sich Institutionen und Schubladen. Immer wieder beginnt er, sich ein Kartenhaus aus Definitionen und Regeln zu bauen. Bis dieses Bauwerk einmal mehr in sich zusammenfällt.

Mit viel Glück kann es dann zum Umdenken kommen: Es entsteht, aus der Erkenntnis über die Sinnlosigkeit, Wissen nach Gemeinsamkeiten zu sortieren, nach Unterschieden auszugrenzen und es in Sparten und Fächern zu bündeln, die Lehre von der Leere.

Als die Philosophen der menschlichen Werte überdrüssig waren, suchten sie die Wahrheit jenseits dessen, was sie Moral, Glaube und Intellekt nannten. Daraus wurde die Lehre vom Nichts. Doch eine nihilistische Weltanschauung hat kein Happy End, weder für das schauende

Individuum, noch für die Welt, die es schaut ... Und da Schauen ja ein aktiver, kreativer Prozeß ist, dient die philosophische Verneinung nur noch zur Heiligung der Kunst. Zur Erklärung der Welt taugt sie genausoviel, wie das Bild vom alten, bärtigen Mann auf der Wolke.[1]

Sehr viele Denker und Lenker predigten die Freiheit des Geistes und betrachteten den Menschen als seinen eigenen Gott. Nach diesen Ideen wurden ganze Kirchen, Vereine und Gemeinschaften gegründet. Sie sind so etwas wie die Parteien der Parteilosen. Durch zahlreiche Institutionen, von den Scientologen bis zu La Veys Church Of Satan, ist die Suche nach Erleuchtung und geistiger Freiheit sehr oft zu einem Macht- und Wirtschaftsinstrument gewuchert. Deren Existenz ist ebenso verwerflich oder begrüßenswert, wie die Existenz jedes anderen Wirtschaftsunternehmens auch, denn keines dieser Systeme spielt mit "offenen Karten". Sich über die erfolgreichen Meinungsfabriken[2] *aufzuregen hat immer auch etwas mit Neid zu tun. Denn jeder Mensch sympathisiert, bewußt oder unbewußt, mit einer Ideenfabrik. Meistens wünscht er sich dabei, daß es die größte und beste ist, die es auf Erden gibt und meistens erzählt er genau aus diesem Grund den Anhängern anderer Ideen, daß es auf Größe nicht ankommt.*

Jede dieser Interessengemeinschaften ist ein Hort aus Regeln, Normen und Gesetzen, versteckt hinter einem Image, einem Gesicht nach außen, an welches seine Insassen mal mehr, mal weniger glauben. Die erfolgreichsten Unternehmen, gleich welcher Art, sind die, deren Mitarbeiter die Illusion selbst glauben, die sie verkaufen.

Wer ist größer, als ein gottgleich verehrter Guru, der selbst glaubt, Gott zu sein?

---

1 Nihilismus leugnet jede Möglichkeit des Erkennens, jede allgemeine, feste Wahrheit, jede Realität der Außenwelt und erkennt keine absoluten Werte und Normen des Handelns an. Nach dem Sophisten Gorgias ist nichts, ist kein Sein. Wäre aber selbst ein Sein, so wäre es nicht erkennbar, wenn es erkennbar wäre, so wäre es nicht vermittelbar. Friedrich Nietzsche erkannte eine aus seiner Lehre vom Nihilismus resultierende Absurdität des Daseins und "erfand" den Übermenschen als Ausweg aus dem Sinnchaos..

2 Meinungsfabrik: Institution, die Ideen herstellt, verkauft, verbreitet, Meinung macht, was beispielsweise bei Zeitungen und Regierungskommissionen bewußt und präzise organisiert geschieht, bei anderen manchmal sogar mit gegensätzlicher Absicht. Aber Meinungen kann man nicht bekämpfen. Man kann sie nur füttern oder ignorieren.

Wer ist mächtiger, als eine Fastfoodkette, deren Mitarbeiter die eigenen Fritten fressen?

Kein Anbieter von Schnellfraß muß zudem, um im allgegenwärtigen Konsumbild zu bleiben, die Konkurrenz eines Baumarktes fürchten.

Und so werden auch die Hehler[3] des Glaubens und der vermeintlichen Wahrheit in ihren paradoxen Institutionen nur von den gesellschaftlich etablierten Unternehmen derselben Art bekämpft. Dieser Schlagabtausch ist aber nur ein Schattenboxen. Denn auch bei diesen Institutionen gilt das Sprichwort von den Krähen und Augen. Niemand kann ohne den anderen, und sei es auch nur, um sich von ihm zu distanzieren.

Selbst wenn hier dieses Scheren von Wirtschaft, Religion und Wissenschaft über ein und denselben Kamm erfolgt, ist doch ausdrücklich kein Klagen und kein Spott der Sinn. Auch wenn mir der Respekt gegenüber mancher dieser Vereine fehlt oder abhanden gekommen ist. Viele leisten sogar großartige Dinge. Selbst wenn es nur Trost ist, den sie spenden oder ein Hauch von Glück, so haben sie doch damit für den betreffenden Menschen ihren Sinn. Manchmal ist dieser Sinn abstrus, ja grausam, waren doch nicht selten auch umstrittene Institutionen oftmals Ausreden für das individuelle Scheitern.

Es geht jeder Institution primär um das Erlangen von Macht. Je nach Größe und Beschaffenheit versuchen diese Institutionen mit den unterschiedlichsten Mitteln, sich die Macht gegenseitig wegzunehmen oder den anderen streitig zu machen. Auch wenn sich im gesellschaftlichen Dasein alles darum dreht, so bleibt jenes Objekt der Begierde ominös.

Um die Kriege, Intrigen und Katastrophen um sie herum zu beenden, muß aber geklärt werden, was Macht genau ist und woher sie kommt. Macht entsteht letztendlich aus Begierden, Ansprüchen und der FREIWILLIGEN Abgabe von Verantwortung für sich selbst. Macht ist nichts anderes, als die aufgesammelte Eigenverantwortung, die verschiedene Individuen aus dem Fenster geworfen haben. Um nichts anderes wird überall gestritten, als um dieses heilige Gut, was jeder Mensch schlußendlich freiwillig abgibt.

3 Hehler: Diese Bezeichnung ist keine Diffamierung. Ein Hehler ist lediglich ein Mensch, der etwas verkauft, was ihm nicht gehört. Das ist im Bezug auf materielle Güter zwar strafbar, steht aber hier nicht zur Diskussion.

Dummheit, Bequemlichkeit, Angst und all die kleinen Versuchungen treiben uns also in erniedrigende Handlungen und zur Abgabe von Verantwortung. Was dazu führt, daß andere Macht über uns ausüben können. Würde das Individuum etwas tun, anstatt zu verharren, würde es seine Macht über das eigene Schicksal bewußt wahrnehmen, niemand könnte darum streiten.

Ihr solltet also nicht darüber jammern, daß irgendjemand mit eurem Spielzeug spielt. Es gilt auch nicht zu petzen, daß jemand mit fremden Spielsachen Spaß hat und es ist auch nicht zwingend verwerflich, mit Spielzeug zu spielen, was einem selbst nicht gehört. Es geht nur darum, das eigene wiederzufinden und sinnvoll zu nutzen ... Alles andere ist Zeitverschwendung.

Jede noch so triviale Handlung oder Unterlassung, solange sie nur bewußt durchgeführt oder unterlassen wird, bedeutet (Mensch) Werdung, Erkenntnis, Erleuchtung. Wer darauf achtet, was er sagt, wer hinterfragt was er tut und sich nicht diktieren läßt, was er braucht, ist aber sehr schnell allein. Und die Dinge, die einst vorgaben, wichtig zu sein, werden blaß und blasser, schwinden, fliehen.

Nichts erschwert den spirituellen Kriegern ihr Dasein mehr als die Frage, was sie mit den Resten der Realität anfangen sollen, die sie abstreiften. Diese Welt, die ihnen in dem Maße feindlicher, lauter, leerer und häßlicher erscheint, in welchem sie versuchen, tolerant, einsichtig und wertungsfrei zu sein. Auch wenn Begriffe wie Erleuchtung und Erkenntnis vor allem durch die Esoterikindustrie überstrapaziert wurden, sollte man doch über die Dinge Bescheid wissen, die sich dahinter verbergen. Ums Denken kommen wir also nicht herum, wenn wir Mensch sein wollen.

Evolution[4] *ist das Prinzip, nach dem wir uns aus dem organischem Brodem dieser Welt herauskristallisiert haben sollen. Falls dem so ist, gilt dieses Prinzip nicht nur für die biologische Entwicklung des Lebens.*

4 Evolution (v. lat.: evolvere = abwickeln, entwickeln) ist in unserem Sprachgebrauch ein Prozess, bei dem durch Reproduktion oder Replikation von einem System Kopien hergestellt werden, die sich voneinander und von ihrem Ursprungssystem durch Variation unterscheiden und bei dem nur ein Teil dieser Kopien durch Selektion für einen weiteren Kopiervorgang zugelassen werden.

Wenn es anders war, dann kennen wir mindestens ein Lebewesen, das auf diesem Planeten den Darwin'schen "Überlebenskampf" wirklich lebt, bei dem nur der fitteste survived. Die Ideen der Menschen vermehren sich ähnlich, es selektieren sich Unterarten, Eigenarten, Lebensgemeinschaften, Denk- und Gesellschaftsmodelle ganz einfach durch Variation, Mutation und Auslese.

Deshalb wird die Maxime vom ewigen Mehr, der Rendite über allem, unser "Höher, Schneller, Weiter" schreiendes, in Dekadenz und Überfluß dahinvegetierendes Kollektiv mit einem selbstgebauten Zug mit 200 Sachen an die Wand fahren. Sofern diese Welt, so wie ich sie sehe, außerhalb meines Kopfes existiert, liegt das einzig erstrebenswerte darin, auszusteigen, bevor es knallt.

Ich möchte in meiner Welt aber gern mehr sehen, als die Ansammlung von Beispielen, wie es nicht funktioniert. Jedoch scheint mir das, was wir Alltag und Wirklichkeit nennen aus nichts anderem zu bestehen. Überall begegnen mir Heerscharen der Exemplare, die sich bereits aussortiert haben, die in den Trümmern ihrer gestürzten Denkmäler und geschleiften Götzen hausen, die ihre jämmerlichen Illusionen, ihre abstrusen Abhängigkeitsrituale und armseligen Begierden ausleben und dabei unglaubliche Mengen Dreck, Leid und Elend hinterlassen. Und richtig, jeder ist auch ein Teil dieser Welt und baut oder zerstört sie mit.

Aus diesem Dilemma muß es einen Ausweg geben. Und diesen Ausweg suchen Millionen Menschen, die weder eines dieser negativen Beispiele sein, noch der Degradierung ihrer Welt zu eben dieser Hölle auf Erden beiwohnen wollen.

Diese Menschen fragen sich, woher das Leiden kommt und finden, jeder für sich, individuelle Lösungen, die ausdrücklich nicht multiplizierbar sind. Diese eigenen Wege haben, oberflächlich betrachtet, vieles gemeinsam: Sie versöhnen und spalten nicht, sie sind spirituell und nicht materiell, sie suchen Einheit und Gegenwärtigkeit. Beschäftigt man sich näher mit den Pfaden der unterschiedlichen Weltanschauungen und Religionen, stellt man fest, daß es immer der gleiche ist.

Und deshalb lesen und erleben die suchenden Menschen immer wieder dieselbe Geschichte in immer wieder anderen Bildern. Sie wollen sich ihrer bewußt sein, erkennen und nicht zuletzt die Notwendigkeit preisen, danach zu streben. Sie wollen den Weg wirklich gehen.

Statt ihn zu beschreiten, streiten die meisten Menschen um seinen Namen und um die Art, wie wir ihn gehen sollen. Die Kriecher haben die Hüpfenden verachtet und die Läufer haben die Schleicher ausgelacht. Wir haben tonnenweise Bücher darüber geschrieben und gelesen, diejenigen angebetet oder aufgehängt, die wußten, daß der einzige Weg der eigene ist. Diese Erkenntnis, das Erleben der allumfassenden Eigenverantwortung nennen wir Freiheit.

Als ich die Gemeinsamkeiten in all diesen Geschichten und Lehren meinte, zu verstehen, wurde mir auch bewußt, daß dieses "Chanten" der selben, nicht irdischen, unmeßbaren Prinzipien wichtig ist, um das Wissen in dieser Welt am Leben zu halten.

Wir müssen die "Nichtdinge" in Worte und Bilder kleiden!

Für Revolutionen[5] *bedarf es langsam, aber stetig wachsender Minderheiten, die sich Sympathien und letztendlich die Unterstützung der Mehrheit aneignen, ohne sich von ihr assimilieren zu lassen.*

Die Welt braucht Menschen, die sich weigern, das zu fressen, was man ihnen vorsetzt. Die mit den diktierten Wahrnehmungsmustern und Meinungen brechen, sich nicht in Wertmaßstäbe und Bildungsstände zwängen lassen.

---

5 Revolution (v.frz.: révolution Umwälzung; aus lat.: revolvere zurückwälzen) bezeichnet einen radikalen, häufig gewalttätigen Wandel der bestehenden Verhältnisse. Er wird von einer organisierten Gruppierung von Neuerern getragen und findet die Unterstützung größerer Bevölkerungsteile. Diese Umwälzung (interessant ist die Vorsilbe „Re", die ja suggeriert, daß die Revolution eine Wiederherstellung einst bestehender Entwicklungsstadien sei) ist immer ein zumindest künstlicher Eingriff, eine vermeintliche Korrektur eines vermeintlich falschen Entwicklungsverlaufs.

Diagnose 4.0

Der Fernseher spuckt sein lautes, flimmerndes Nichts in den toten Raum. Leere Worthülsen versuchen Dialoge zu bilden. Synthetische Streicher sollen Dramatik herbeizaubern.

Cut. Blackout. Werbeblock.

Sabrina, Sven und Pascal sitzen in der ersten Reihe, auf einer verschaumgummierten Bierbank und werden plötzlich still. Eliza erstarrt und krallt sich mit der linken Hand in das welke Fleisch von Mariannes Oberarm.

Duftspraywerbung.

Es stinkt nach Krankenhaus. OK, das ist jetzt nicht besonders originell. Aber der Duft „Krankenhaus" lässt sich nun mal sehr schwer beschreiben und jeder weiß, was damit gemeint ist. Diese Mischung aus verschüttetem Hustensaft, eingetrockneter Pisse und Desinfektionsmitteln duelliert sich hier bei uns, im Aufenthaltsraum der geschlossenen Abteilung, mit dem Qualm, den Sabrina, Sven und Pascal permanent ausstoßen. Rauchverbot? Fehlanzeige! Zwar hängen auch hier die Schilder für eine krebsfreie Welt, aber keiner nimmt sie ernst. Ich drücke meine Kippe aus und widme mich meinem Essen.

Kartoffelpü.

Würstchenwerbung.

Sven fängt an zu heulen. Er schnieft, als würde er ersticken. Sabrina tätschelt ihm den Kopf und flüstert: „Ist gleich vorbei ...".

Beide ekeln sich, genau wie ich, vor Schweinefleisch, die 30 Kilo Sabrina, weil sie sich vor allem ekelt, was sie schlucken soll und der 130 Kilo Sven, weil er behauptet, er wäre eines von Deutschlands beliebtesten Haustieren.

Er ist nicht von diesem Planeten oder wir sind es nicht.

Pascal grinst und quiekt. Sabrina tritt nach ihm und drückt Sven fester an ihre nichtvorhandene Brust.

„Lass ihn in Ruhe!!! Wie bist du denn drauf?"

„Na ja, drauf sind wir hier doch alle," entgegnet Pascal dem wütenden Gerippe mit dem Fleischberg im Arm. „Aber irgendwie ging es mir damals bei den Parties besser als jetzt. Wir werden alle so enden wie der da!" Pascal deutet mit der rechten Hand in die Ecke links neben dem Fernseher.

Dort hockt Walther, zumindest nennen wir ihn Walther, weil das Gerät so heißt, mit dem er sich vor ein paar Jahren hierher geballert hatte. Walther macht das, was er am besten kann. Er spielt Wachkomapatient. Sediert vom kranken Kopf bis zu den schimmeligen Zehen ist er entweder der Blödeste oder Cleverste von uns allen hier. Amnesie ist die häufigste Selbstverteidigung bei einem Gewaltverbrechen, sagen die Kriminalisten, jedenfalls im Fernsehen. Walther weiß angeblich seit seinem Ausraster nicht mal mehr, wie er heißt - und das Schärfste ist, dass alle es ihm abkaufen.

Das Kichern und Schreien wird wieder lauter.

Nächster Fernsehserienschnipsel. Geigen, Postkartenlandschaft, sinnfreies Gelaber zwischen einem Gottesanbeter und einem Zehnjährigen auf einer Alm. Der Bub gesteht dem Pfaffen, seiner geschlechtsreifen Schwester einen Brief von ihrem Verlobten unterschlagen zu haben.

Warum nur? Warum geht mir das nicht am Arsch vorbei? Wir leben in einem Land, in dem Kinder an den Schulen andere Kinder umbringen, anstatt sich ihre Videospiele zu Herzen zu nehmen. *„Know Your Enemy."*

Aber kindergeile Pfaffen sterben nicht. Sie kommen auch nicht in den Knast, was ja im Grunde dasselbe wäre, sie werden einfach aus ihrem Dorf versetzt, wenn sie alle durch haben. Bastian hat mir mal erzählt, dass auch sein erster Lover immer noch predigt. Und auch die Drill-Instructors aufgekaufter Regime dürfen weiter Menschen brechen, bis zu ihrer Vergreisung.

„We're on a road to nowhere" singt es in meinem Kopf. Ja, wann kommt er denn endlich, der Abgrund, die Mauer oder der Baum

- oder der entgegenkommende Zug, den mir das blöde Licht am Ende des Tunnels immer versprochen hatte?

Kein Happy End in Sicht.

Auch nicht, wenn man heiratet, um endlich ficken zu dürfen, wie unsere beiden Fernsehhelden es gerade tun, als wäre man heutzutage immer noch so verklemmt wie in den Fünfzigern. Schnulzen wie diese machen Menschen nicht nur senil und alt, sie konservieren sie auch. Schnulzen wie diese tragen Mitschuld an unserem Rentenproblem. Sie betonieren Hirne wie Botox die Gesichter unserer einstigen Wichsvorlagen. Sie sind Teil, der mittlerweile globalen Verblödung derer, die man über den Tisch ziehen will.

Und die wütenden Kinder treten weiter auf Krüppel und Penner ein, anstatt auf Banker, Versicherungsangestellte und Menschen, die sagen, dass sie nur Befehle ausführen.

Die emotional verkrüppelten, kommunikationsbehinderten Kinder der Generation Z schlagen sich gegenseitig in die Fresse, obwohl man bei *„World Of Warcraft“* doch eigentlich etwas anderes lernt. Warum zum Geier schicken deutsche Marionetten deutsche Jungs noch nach Afghanistan, obwohl es *„Medal Of Honour“* gibt? Warum schlagen die Ausgemusterten auf Türken und Inder ein, obwohl sie als christlich zivilisierte Menschen wissen müssten, dass man die Hand nicht beißen soll, die einen füttert?

Der Film zeigt jetzt ein Hochzeitsbuffet mit zwei Negern in Uniform. Niemand beißt in deren Hände, wahrscheinlich weil sie schwarz sind.

Im pilcheresken Showdown wandern zwei Köpfe langsam aufeinander zu. Gleich treffen sich ihre Lippen.

500 000 Frauen in Deutschland quetschen Tränen in Taschentücher und hinterlassen feuchte Flecken auf ihren Sofas. Wobei die eine Hälfte glaubt und die andere Hälfte weiß, dass es Inkontinenz ist.

Marianne weint schon, obwohl sie das alles durchschaut. Sie ist schlau und heult trotzdem, weil Bilder mit solchen Sounds einfach in uns einen Schalter umlegen, den sie uns gleich nach der Geburt implantieren. Alle unsere Körperöffnungen sind konditioniert, wie die Lefzen Pawlow'scher Hunde.

Also weinen wir, wenn sich Menschen küssen, wenn Sonnen untergehen oder Schauspieler so tun, als hätten sie es hinter sich, solange von irgendwoher, irgendwelche Sounds uns die dazugehörigen Harmonien in die Ohren schmieren.

500 000 Frauen in Deutschland versuchen sich gerade vorzustellen, dass eines dieser Lippenpaare, die sich gleich berühren und dann jede Menge Speichel und Bakterien austauschen werden, ihnen gehört. Obwohl sie alle wissen, dass der Bräutigam in diesem Scheißfilm im echten Leben schwul ist und sich einst vor laufender Kamera einen bald schon knackigen Jungen adoptiert hat. Wieso darf so einer ins Fernsehen? Warum erschießt niemand die senilen Schwurbelasteten, die behaupten, dass Gefühle Schweigepflicht haben oder dass wir tatsächlich nicht geboren wurden, sondern geboren waren, um zu leben?

Wieso wurde Tamara Danz nur 42 und Peter Alexander 84?

In dem Moment, als der Mann die Frau küssen will, schaltet jemand auf den Kinderkanal um. Ich weiß, wer das war. Der Einzige, der so etwas witzig findet, ist Bastian. Ich hasse ihn. Bastian ist laut, gewalttätig, macht einen auf oberschlau und er ist der Einzige, der sich nie anziehen muss. Den ganzen Tag sieht man ihn vor sich hinbrabbelnd in seinem grünen Bademantel herumlaufen. Die Wochen, in denen er, anstatt uns zu terrorisieren, ununterbrochen im Bett liegt, sind mir die liebsten. Bipolar und Spaß dabei. Erzählt ständig, dass er zwei Frauen umgebracht hat, obwohl er hier, neben mir wahrscheinlich der Einzige ist, der niemandem auf den Gewissen hat. Er würde wollen, wenn er könnte, genau wie Angela Merkel.

Das Schreien wird hysterisch.

Eliza schlägt sich an den Kopf, immer wieder, genau an die Stelle, die bereits blutunterlaufen und geschwollen ist. Drei Gestalten fallen aus den umliegenden Türen heuschreckengleich über sie her.

Ich sitze auf der Bank in meiner Ecke und beobachte den alten Steinmaier, der sich würdevoll von diesem Treiben abwendet. Er war mal Verleger. Jetzt ist er der Klischeeverrückte, der wirr durch seine Brille starrt. Einer, der an seine ganz persönliche Verschwörungstheorie glaubt und so ziemlich jeden davon überzeugen kann. Er meint, dass er auserwählt sei oder privilegiert oder beides. Dabei hat er nur einen Postbankmitarbeiter niedergestreckt, der ihn blöd angemacht hat. Ich kann ihn gut verstehen, er sich nicht.

Ich schaue wieder auf den Flachbildschirm hinter der dicken Glasscheibe. Ein gelber Schwamm auf zwei Beinen spricht mit einem pinkfarbenen Seestern über das anstehende Abendbrot. Es sollen Einsiedlerkrebse und eine sprechende Coladose eingeladen werden. Ich weiß, dass es nicht an den Pillen liegt. Im Gegenteil. Die Medikation hilft, das alles zu ertragen, was die Kinder dieses Landes offensichtlich komplett nüchtern schlucken. Leute, die sich so einen Scheiß ausdenken, müssen weit mehr einwerfen, als mir hier verabreicht wird.

Bastian zerrt mir plötzlich meinen Teller aus der Hand und rennt damit in die Traube aus starken Armen, Zwangsjacken und zerrissenen Nachthemden. Ich bekomme noch den Gürtel seines Bademantels zu fassen, aber Bastian ist schneller. Nur sein Kichern bleibt zurück. Ich will aufstehen, doch ich habe keine Chance. Der Kopf ist schwer und es juckt höllisch unter dem dicken weißen Verband, in den mein linker Arm eingewickelt ist.

Ich kann Elizas Titten sehen, vergesse Bastian, seinen Bademantel und meinen Hunger, beginne stattdessen sofort, an meinem Schwanz herumzufummeln, allerdings ohne Erfolg.

Unsere kleine Schwarzhaarige hat kein Problem damit, dass man scharf auf sie ist. Seit sie ihr Kopftuch nicht mehr tragen darf, fühlt sie sich sowieso nackt und den Männern ausgeliefert. Diese neue Vorschrift hat auch keinen religiösen Hintergrund, vielmehr war Elizas Schambedeckung nicht nur lebensgefährdend, sondern Karls Tor in die Freiheit.

Karl, unser geprellter Familienvater, dessen Frau ihn angeblich mit Voodoozauber in den Wahnsinn trieb, riss Eliza eines Tages ihre religiöse Verlautbarung vom Kopf und hing sich damit auf dem Behindertenklo auf. Er hätte auch den Gürtel von Bastians Bademantel nehmen können, hat er aber nicht. Und so hat eben der Islam den Karl getötet und Eliza musste deshalb ihre religiösen Ansichten zwangsweise überdenken.

Inmitten meiner interreligiösen Gedanken sehe ich plötzlich mein Essen fliegen ... vorbei an Eliza, die inzwischen unter Edgars und Davids Gewicht zusammengebrochen ist und bäuchlings auf dem Gummifußboden liegt ... vorbei an den anderen Insassen unserer Abteilung, die ihre Leidensgefährtin immer noch anfeuern ... direkt ins Gesicht des gelben, sprechenden Schwamms.

Der plappert einfach weiter, während Erbsen und Kartoffelbrei mir die Sicht auf das weitere Geschehen versperren.

Eliza ist inzwischen verschnürt und wird von Edgar und David ins böse Zimmer getragen.

Marianne reibt sich den Oberarm und weint.

Der neue Zivi kommt zu mir und schlägt mir ins Gesicht, glaube ich. Aber mein Kopf ist so taub von den Pillen, dass ich einfach nur auf der Bank umkippe. Zivis sind keine Zivis mehr, sie heißen nur noch so. Seitdem Töten kein Vaterlandsliebesdienst mehr ist, sondern ein Beruf wie jeder andere, kommen die Helfer vom Amt. Sie bekommen Stütze und einen Euro in der Stunde.

Ich versuche dem langhaarigen Kotzbrocken noch zu erklären, dass Bastian mir mein Essen weggenommen hat, während Edgar und David nun mit mir dasselbe machen, wie mit Eliza. Ich wehre mich nicht und liege geschätzte zehn Minuten später in meinem Bett.

Ich kann Eliza verstehen. Das Flimmern ist das Einzige, was sie begreift. Wer nicht mehr selbst lebt und nicht sterben darf, muss sich etwas vorleben lassen. Wer mit der Realität nicht klarkommt, wird aus der seinen herausgeschnitten und bekommt geordnete Abläufe hinter Glas serviert. Szenen, die jene Erinnerungen an das eigene Leben ersetzen sollen, die einst zu Alpträumen wurden. Nur kann man sich seine Ersatzrealität nicht zusammenbasteln, wenn sie immer wieder unterbrochen wird. Nicht nur Eliza kann Margarine, sprechende, hässliche Männer auf Allzweckreinigerflaschen, Fickforenwerbung und Bausparverträge nicht mit CSI, DSDS oder GZSZ vereinbaren. Also schlägt sie sich immer genau dort an den Kopf, wo der Alptraum vergeblich auf irgendeine logische Handlung wartet, um von ihr abgelöst zu werden.

Beim Einstich in meinen Unterarm zucke ich zusammen. Meine ausgestreckten Beine stemmen sich automatisch gegen die Fixierung bis es im Rücken und in der Leistengegend schmerzt.

Dann wird es dunkel.

Da war es wieder, das Flimmern.

„Licht und Schatten“

„Licht und Schatten“ stehen metaphorisch für „Gut und Böse“ im menschlichen Denken. Auch die Erderwärmung und die dadurch ständig steigende Gefahr von Hautkrebs und Dürrekatastrophen wird daran nichts ändern. Selbst wenn Sie der Kühle eines schattigen Plätzchens durchaus etwas Positives abgewinnen können, sind die „Schattenseiten“ des Lebens generell Orte, die Sie nicht mögen. Diese Flecken sollen gemieden werden oder man möchte sie durch Kahlschlag ausmerzen. Sich „gut“ fühlen, ist eine Sucht, die von dem kollektiven Irrtum geleitet wird, daß es Dinge seien, die für unser gutes Gefühl verantwortlich sind. In Wahrheit ist es aber immer Ihre Meinung über die Dinge, die Ihr Befinden gestaltet. Ebenso wie Gut und Böse, sind auch Licht und Dunkelheit, Erfolg und Scheitern immer zwei Seiten einer Medaille in unserer dualistischen Welt.

Ich kann das Licht nur sehen, wenn ich weiß, was Dunkelheit ist. Je abgründiger jene dunklen Seiten des Lebens sich gestalten, umso faszinierender ist der Schritt ins Freie.

Der Mensch hat die Schwäche, ohne Wertung nicht existieren zu können, zumindest nicht das tun zu können, was er existieren nennt. Wenn ich mir eine Angst oder einen Haß auf irgendetwas abgewöhne oder nehmen lasse, will sofort eine gegenteilige Wertung den scheinbar leeren Platz einnehmen. Egalität empfindet der Mensch als Reduktion, als Dezimierung seiner Umwelt. Ihm kommt etwas abhanden, denkt er. Und das zu recht, denn alles was er nicht bewertet oder mit einer Meinung beehrt, existiert nicht für ihn. Diese schönen, bunten vergänglichen Dinge, ohne die der Mensch nicht auszukommen glaubt, sind ihm lieb und teuer.

Deshalb hat er zu allem eine Meinung, die sein Leben bestimmt. So auch zu den vermeintlich bösen, unheimlichen Dingen, die ihn entweder ängstigen und lähmen, oder die ihn faszinieren und ihm somit jede Notwendigkeit nehmen, den Zustand der Umnachtung zu ändern.

Es gibt der Möglichkeiten viele, sich vor dem Dunkel zu bewahren. Die bekannteste und nachvollziehbarste ist das Verbot, das man ausspricht oder befolgt. Aber die verbreitetste Verhaftung ist das „Schlaftabletten-Prinzip": Man wird ruhiggestellt und beschäftigt sich mit dem Aufbau und der Befriedigung von Bedürfnissen.

Neben diesem ewigen inneren Kanon darüber, daß alles so schön ist, wie es ist, auch wenn es furchtbar ist, gibt es auch noch die Angst selbst, in die man sich verlieben kann. Die Angst vor dem Unbekannten und die Angst vor einer Enttäuschung sind sehr beliebte und verbreitete Begründungen für das persönliche Scheitern und das Stehenbleiben.

All diese mannigfaltigen Verhaftungen eint die Vermeidung des Erwachens, egal ob das eigene oder das der anderen. Letzteres kann im Einzelfall mit Machtmißbrauch zu tun haben, doch das ist eher die Ausnahme. Die Unterdrückung des Erwachens der anderen geschieht im Nichtwissen und in der berechtigten Angst, primär die Erkenntnis und erst sekundär den Erkennenden nicht beherrschen zu können.

Wer das Licht kennt, wird nicht versuchen, es anderen zu versagen.

Ein wesentlicher Schritt auf dem Weg der Erleuchtung ist, genau diese grundlegende Abhängigkeit aufzugeben und die daraus resultierende schlichte Klarheit des Seins zu akzeptieren, eine Klarheit, die nicht vermittelbar ist. Sie macht den Sehenden zum Außenseiter, weil seine Lebensinhalte sich nicht mehr mit den Prioritäten der ihn umgebenden Mehrheit decken. Es ist die „Einsamkeit der Nüchternen"[6], die es auszuhalten gilt und eben jene Antwort auf die Frage, was denn übrig bleibt, wenn man Langeweile, das Egotuning, den Konsum und die daraus resultierende Sucht besiegt hat. Man muß das Licht aushalten können und deshalb ist der Weg aus dem Dunkel auch ein sehr langer Weg.

Das alles ist nicht neu. Dieses Realitätsverständnis ähnelt Platons Höhlengleichnis.[7] Platon, ein griechischer Philosoph der Antike, versucht darin, des Menschen unvollkommene Wahrnehmung darzustellen. Er beschreibt das Menschsein, festgebunden in einer Höhle, der Lichtquelle den Rücken zugekehrt. Der Mensch ist nur imstande die Schatten der Dinge zu erkennen, die sich zwischen der Lichtquelle und der Höhlenwand befinden.

6 Zitat aus einem Lied der Fantastischen Vier: „Flüchtig" (Text: Thomas D.)

7 Siehe Verweis im Anhang: Platons Höhlengleichnis in der Übersetzung von Friedrich Schleiermacher

Noch bevor es also die laufenden Bilder gab, saßen wir bereits in einem Kino. Nur haben wir vergessen, daß wir ausschließlich Schatten sehen, die jene Dinge werfen, die sich zwischen dem Licht und der Mauer befinden, auf die wir starren. Und wir haben vergessen oder noch nie erfahren, daß auch wir uns zwischen dem Licht und der Mauer befinden und wir nur die Schatten von uns selbst wahrnehmen und diese für unbeeinflußbare Realität halten. Statt dem Licht zu folgen, das uns den Weg nach draußen weisen kann, haben wir uns gegenseitig eingeredet, daß jene Schatten an den Wänden die Wahrheit sind. Der Weg nach draußen beginnt mit dem Abwenden von der Schattenwand. Man muß dem Licht entgegenlaufen, um ins Freie zu gelangen und man kann die Schattenspiele dabei nicht mehr sehen. Schon deshalb ist man zu Beginn für die Gefesselten spürbar "anders", ein Außenseiter.

Schon in der Antike wußte man, daß niemand dem Ausreißer zujubelt. Dem Sehenden ist es nicht möglich, die Gefesselten von ihrem Irrtum zu überzeugen, denn die Augen, die draußen sehen können, sind drinnen blind. Deshalb kann man zwischen beiden Welten, der echten und ihrer Schattenwelt, nicht vermitteln. Deshalb gibt es den Urkonflikt zwischen den "Gefangenen" und dem "Entfesselten". Der Erkennende will zwanghaft sein Wissen weitergeben, was bei Platons Höhlengleichnis vorbehaltlos als Tugend gepriesen wird, und der Höhlenmensch tut alles, um seine "Schattenwahrheit" zu schützen. Dafür würde er sogar töten. Egal, welche „Wahrheit" ihm zugetragen wird. Platon meinte sie unverrückbar, objektiv real. Ich denke, daß wir vor dem Kino aber alle unserer eigenen Realität begegnen werden. Der Ideenreichtum, sich der Wahrheit zu entziehen, hat sich allerdings seitdem, unabhängig davon, was uns da draußen erwartet, sehr entwickelt.

Die Menschen haben irgendwann begonnen, in der Höhle weitere Höhlen zu bauen, in der sie sich wiederum Schatten von den Schatten anschauen ... Und so wäre es nicht verwunderlich, wenn wir uns, nachdem wir unsere Ärsche aus dem Fernsehsessel aufgeschwungen haben, um mal nach draußen zu gehen, dabei ertappen, daß wir uns nur dabei beobachten, wie wir gerade aufstehen ... Wenn wir also uns von den Ketten befreien und nach dem Licht streben, könnte es sein, daß wir nur in einem

Kino aufwachen, in dem wir einschliefen, weil der Film so langweilig war. Wer also aufwacht, sollte niemals die Wahrscheinlichkeit vernachlässigen, daß er eigentlich noch schläft ...

Diese Gedankengänge haben bei der nach Erwachen strebenden Minderheit mitunter bizarre Auswirkungen auf Handlungsweisen und religiöse Riten, die von Kasteiung bis hin zur Entsagung reichen. Doch der Weg zum Licht muß kein Leidensweg sein. Auch wenn ich weiß, daß alles, was ich sehe, nur Kino ist, kann ich mich köstlich darüber amüsieren und es in vollen Zügen genießen. Ich darf mich auch ab und zu hinreißen lassen, und scheinbar vergessen, daß es ein Film ist. Das ist die Würze des Lebens, und kein Schockeffekt wirkt, wenn ich innerlich immer wieder sage "Es ist nur ein Film, es ist nur ein Film!"

Aber es ist eben wirklich nur ein Film. Und ich komme der Wahrheit nicht näher, wenn ich mir die DVD kaufe, sondern nur, wenn ich mich an den originalen Schauplatz begebe. Oftmals sind die Erscheinungen selbst reine Illusion und ich kann mir nur ein EIGENES Bild machen, (egal, ob nun eine objektive Wahrheit existiert oder nicht). Daran sollte man sich (und nicht die anderen) immer wieder erinnern.

Nach dem Abspann gehe ich nach draußen, muß das Gesehene verarbeiten, etwas essen und morgens werde ich wieder auf Arbeit gehen, bis ich irgendwann bemerke, daß auch das nur ein Film ist, der mit der Wahrheit nichts zu tun hat. Doch auch diese Erkenntnis sollte mich nicht stören. Ich kann mir den Film anschauen, oder vorher nach draußen gehen. Bin ich einmal draußen und habe ich das Echte mit all meinen Sinnen gekostet, steht es mir frei, mich wieder in die Vorführung zu begeben. Ich werde es nur immer seltener tun, da die Szenerie, ihrer Echtheit beraubt, an Reiz verliert.

Ich sollte es nur unterlassen, im Vorführsaal jeden wahllos davon überzeugen zu wollen, daß es nur ein Film ist. Das will dort drinnen niemand wissen. Das Bedürfnis, den anderen die Wahrheit zu sagen, obwohl sie diese nicht hören wollen, das hat damals schon unserem kauzigen Sokrates[8] das Leben gekostet.

Unterdrücken Sie den Prozeß des Erwachens nicht und lernen Sie, es

8 Sokrates: Wichtigster griechischer Philosoph, Lehrer und Wegweiser u.a. Platons, wurde wegen Gottlosigkeit und Verderben der Jugend zum Tode verurteilt.

auch zu genießen. Gleich einer Blume, die sich friedlich, aber dennoch unerbittlich den Weg in die Freiheit bahnt. Der Mensch ist ohne dieses Verlangen nach jener Blüte nur ein Halm in einem öden Grasland, der sich nicht entscheiden will, ob er Wurzel oder Blatt wird. Er wird einfach irgendwann wieder im Boden versinken, wenn er nicht vorher schon von seinesgleichen erdrückt oder einfach von einer Kuh aufgefressen wird (wobei es egal ist, ob es eine dumme europäische oder eine heilige indische Kuh ist).

Die Menschen können ihr unterirdisches Dasein nur fristen, weil sie es nicht anderes kennen. Deshalb töten sie Artgenossen, die ihnen etwas anderes erzählen wollen und sie glauben emsig daran, daß der Leidensweg nach dem Tod ein Ende hat. Gleichzeitig haben sie Angst zu sterben. Das ist schizophren. Diejenigen, die an diesem Leidensweg profitieren, haben ihn auch erfunden. Das ist ein ehernes Gesetz, genauso, wie der Umstand, daß die Stürzer der Peiniger immer an deren Stelle treten werden. Das liegt aber immer an der passiven Mehrheit, die jene Machtergreifung einfordert, weil sie für sich selbst keine Verantwortung übernimmt.

So sind es auch immer die Leidenden selbst, die Macht ausüben oder ausüben lassen. Zwischen Täter und Opfer gibt es letztendlich keinen Unterschied. Natürlich gibt es unermeßliches Leid in der Welt und niemand weiß, wo dieses Leiden herkommt, oder warum wir uns offenbar gegenseitig immer wieder dieses Leid zufügen.

Doch es ist ein Irrglaube, daß sich das Rätsel mit dem Tod auflöst. Wenn es ein Leben nach dem Tod gibt, dann wird auch die Illusion aufrechterhalten. Berichte von Nahtoderlebnissen legen die Vermutung nahe, daß Himmel und Hölle daraus resultieren, denn alle Patienten, die dem Tod noch einmal von der Schippe gesprungen sind, erlebten Dinge, die sich mit ihren Glaubensmustern decken.[9] *Also kann man davon ausgehen, daß der Indianer in die ewigen Jagdgründe eingehen wird, Orpheus tatsächlich über den Styx gefahren ist, der Moslem zu Allah fährt und der*

9 Der Tod als Spiegel der Kultur und der Zeit: Nichts verrät mehr über eine Kultur, als ihre Vorstellung vom Tod, vom Jenseits und ihre diesbezüglichen Riten. (So als Argument, falls irgendwer mal wieder hinter das Geheimnis der Vampire, der Gothics oder der Romantisierung des Todes und der Melancholie kommen will :-)

Katholik ins Fegefeuer, es sei denn er war keusch und fromm und hat gemacht, was man ihm sagt.

Schon immer flieht der Mensch vor der Erkenntnis, tut und unterlässt alles, um Platons Höhle nicht zu verlassen. Genau so, wie wir derzeit eine Flucht in die virtuellen Welten beobachten können. In Gesellschaft erfindet der Mensch immer neue Spiele und Beschäftigungen, um nicht auf die Idee kommen zu müssen, sich dem Licht zuzuwenden.

Nur allein beginnt er mit der Klarheit zu sympathisieren. Allerdings hält es das Individuum nur bedingt allein mit sich selbst aus. Einsamkeit macht verrückt oder setzt eine bestimmte Reife und Festigung der Persönlichkeit voraus. Es ergeben sich daraus zwei innere Kräfte, die einerseits uns zu Erkenntnis streben lassen, andererseits uns dieses Streben versagen wollen. Dieser Schutzmechanismus garantiert normalerweise, daß jeder einzelne Mensch eben nur so viel "Sonne" abbekommt, wie er vertragen kann.

Die Unzulänglichkeiten treiben uns also zusammen und machen uns zu Menschen. Doch man verliert innerhalb dieser, für unser Menschsein so wichtigen Herde das Interesse am Licht der Wahrheit. Was dann bleibt, ist ein Mangel, den ich nicht mehr definieren kann, weil ich nicht weiß, was mir fehlt.

Das erste Mal

Am Ufer des kleinen Flusses malte altes Öl Regenbögen auf den rostbraunen Schlamm. Michi atmete tief durch. Es roch, als wäre gerade ein Moped durch den Park gefahren. So eine S51, 65km/h schnell, wenn man sie gut einfahren würde. Michi hatte nur ein Fahrrad und das würde die nächsten dreieinhalb Jahre auch so bleiben.

Der rechte Pedalarm schlug bei jeder Umdrehung mit einem blechernen Ton an den verbeulten Kettenschutz und lenkte die Aufmerksamkeit des Jungen auf die knallrote Wäscheklammer, die seine braune Cordhose festhielt, damit sie sich nicht in der Fahrradkette verfing. Das wäre peinlich geworden! Er löste das von Mutter verordnete Utensil und beschloss, angesichts der nun flatternden Hosenbeine, den Rest des Weges lieber zu schieben.

Sie saßen auf der sogenannten Klippe oberhalb des Spielplatzes. Er stieg über die ins wurzeldurchzogene Erdreich gegrabenen Stufen den Hügel hinauf, als sie plötzlich verstummten. In dem Wildwuchs aus Heckenresten, Unkraut und Krüppelkiefern hatten sich die bösen Kinder dieser Stadt, über viele Generationen hinweg, ein kleines Nest getrampelt, das einerseits Schutz vor neugierigen Blicken bot, andererseits eine souveräne Kontrolle über den gesamten Spielplatz gestattete. So blieb auch immer genug Zeit, Kippen und leere Bierflaschen verschwinden zu lassen, falls mal ein Erziehungsberechtigter seinen Sprössling suchte.

Der dicke Stefan, den sie alle nur Nilpferd nannten wenn er nicht da war, spuckte einen weiteren Fladen in die beachtliche Speichelpfütze zwischen seinen breitgelatschten Turnschuhen und zog bedeutsam an seiner Zigarette.

Noch ignorierten sie seinen Annäherungsversuch.

Auch Jenny beachtete ihn nicht, aber das machte sie immer so, wenn jemand dabei war. Sonst war sie ganz ok. Mit ihr hatte er nicht gerechnet und ja, am liebsten wäre er wieder umgekehrt, denn aus irgendeinem Grund wurde er immer verlegen, wenn sie ihn angrinste.

Jenny hatte wirklich große, wundervolle Brüste. Und sie war das Kind einer alleinerziehenden Mutter. Ihr Schmollmund war genauso echt wie ihr Lachen. Sie war zwar nicht die Einzige aus Michis Klasse, die schon über außerfamiliären Sex redete, aber wohl die Einzige, die schon welchen hatte. Das alles zusammen machte sie zur Schlampe in den Augen derer, die sie nicht besteigen durften oder nicht besteigen konnten. Jenny träumte, genau wie Michi und genau wie alle anderen auch, von der großen weiten Welt und sie war verliebt in Kalle. Sie wird auch immer noch verliebt in diesen Typen sein, wenn er sie längst verlassen hat, sie und dieses Nest mit den vorgekochten Eiern. Und Jenny wird daran zerbrechen, weil sie irgendetwas daran hindern wird, dieses Kaff zu verlassen.

Kleinstädte sind inzestuös. Sie versuchen alles, die kleinen Maden, die in sie hineingeworfen wurden, zu behalten, zu fesseln. Sie stecken sie in Blumentöpfe, gießen sie mit Lambrusco und regionalen Biersorten bis sie ersaufen, Wurzeln schlagen, festkleben oder so dick geworden sind, dass sie steckenbleiben.

Kalle machte sich an Jennys wundervollen Dingern zu schaffen, sie quiekte und schubste ihn von der, aus Holzkisten und Brettern zusammengenagelten Bank.

Nur Rüdi schob plötzlich eine Haarsträhne hinter sein rechtes Ohr und beobachtete jeden Schritt des Eindringlings ganz genau.

Michi hatte den Tag allein zu Haus genutzt, um fleißig zu üben. Zu üben für diesen einen Moment, der alles verändern könnte. Sein Herz begann heftiger zu schlagen, etwa jenen Takt, den es in zwei Jahren wieder schlagen wird, wenn er versuchen wird, Doreen zu küssen. Im Gegensatz zu jenem ersten Date, von dem Michi gerade noch nichts wusste und das in einer Katastrophe enden würde, war er jetzt, für diesen Auftritt gut gerüstet.

Nach der dritten Zigarette, die er verstohlen am Dachfenster aufgenuckelt hatte, während seine Eltern den Abend bei den Kowalskis verbrachten, hatte er kotzen müssen. So heftig, wie noch nie in seinem Leben zuvor. Es war auch so was von eklig. Aber als die Schachtel, die er sich in der Dämmerung am anderen Ende der Stadt aus dem Automaten gezogen hatte, halb leer war, da konnte er schon souverän auf Lunge rauchen, ohne zu husten.

Sein Freund Egon hatte ihm zuvor erzählt, dass man eigentlich locker eine Woche paffen musste und immer mal wieder einen Lungenzug probieren sollte. Das Nilpferd hatte, und das war aus einer sicheren Quelle, einen Monat gebraucht, um nicht schummeln zu müssen und dann noch mal zwei Monate, um auf Filterlose umsteigen zu können. Ja, Filterlose, das war noch mal ein ganz anderes Thema.

Aber Rom, so wusste er aus den Gesprächen seiner Eltern, wurde auch nicht an einem Tag erbaut, was immer sie mit Rom gemeint hatten. Der Spruch hieß übersetzt, dass wichtige und gute Dinge im Leben immer eine gewisse Zeit brauchen würden. Rauchen war nicht gut. Also musste es auch schneller erlernbar sein, als der Bau von diesem Rom gedauert hatte.

Typen, die nicht rauchten, haben auf der Klippe nichts zu suchen. Sie haben keinen Grund herzukommen und waren in den Augen der Clique potentielle Verräter. Bis sie 16 waren, durfte niemand wissen, dass sie hier rauchten und wenn sie 16 waren, dann rauchten hier die Jüngeren, während sie dann ganz offiziell durften. Auch vor ihren Eltern, die sie auch vorher nur in Ausnahmefällen wegen so einer Bagatelle verprügelt hätten.

Er wollte dazugehören, bezog dafür immer wieder Dresche oder er musste sein altes Fahrrad mit zerstochenen Reifen die Gleise entlang nach Hause schieben. Dann ist er immer zu spät zum Abendbrot gekommen und fing sich eine. Vater war da nicht zimperlich, glaubte an die Macht der starken Hand, die ihm sehr häufig auch ausrutschte. Was nicht weiter schlimm war, denn in seiner Schule gab es auch Kinder, dessen Väter eher davon ausgingen, dass jeder Finger einer Hand allein zu schwach war und sie gemeinsam eine Faust bilden mussten.

Finger einer Hand vereinigt euch!

Die machten dann Platzwunden und blaue Flecken, während die bloße Hand seines Vaters nur Streifen auf seinem Arsch und manchmal in seinem Gesicht hinterließ, die am nächsten Tag niemandem in der Schule auffielen. Mutti schwieg eisern. Und das Klatschen und Wimmern hallte trotzig in diese Stille und verlor immer wieder diesen unsichtbaren Kampf zwischen hormonbedingter Mutterliebe und anerzogener Ignoranz. Eine Endlosserie auf allen Kanälen, eine *Neverending Story*, die man irgendwann einmal „Täter-Opfer-Spirale" nennen und die auch ihn nicht verschonen würde.

Der Mensch hat die Neigung, den Wunsch, das Verlangen, andere Lebewesen, egal ob Angehörige der eigenen oder einer anderen Spezies, zu benutzen und zu unterdrücken.

Dabei behandelt er komischerweise nichts und niemanden so schlecht, wie die eigenen Kinder. Der Mensch glaubt nämlich den Kindern nicht, dass sie auch Menschen sind. Diese Behauptung ist schwer zu beweisen, denn sind Kinder erst einmal so alt, dass ihnen das Gesetz erlaubt, etwas zu behaupten, sind sie keine Kinder mehr. Das Kind ist also die einzige Spezies, aus der man herauswachsen kann. Man bleibt zwar immer Neger, Assi oder behindert, aber das Kindsein kann und muss man überwinden. Nicht zu schnell und nicht zu langsam. Beides ist tödlich, meistens für das Kind. Manchmal aber auch für die Kindseltern. Deshalb gilt die Spezies Kind als gewalttätig. Damit wir mit dem Kindsein aufhören, wird uns die Kindheit zur Hölle gemacht und weil diese Hölle nur temporär bewohnt wird, fällt sie niemandem auf.

Bis zu dieser Erkenntnis war es aber noch ein weiter Weg.

Seit er dreizehn war, weinte er nicht mehr, wenn er sich eine einfing, oder zwei oder drei. Und er wehrte sich nun auch, wenn er auf dem Schulhof verprügelt wurde.

Die Hierarchie war einfach. Er wusste, dass Streber und Assikinder sich die unterste Stufe teilten. Er war beides.

Dass sein Vater soff, war da gar nicht so entscheidend. Aber Michi trug komische Klamotten und seine Mutter passte auf, dass er die Hausaufgaben machte. Von Strebern, wie die Nerds früher hießen, konnte man abschreiben. Das sicherte ihm eine gewisse Position, ein Positiönchen, denn Menschen neigen dazu, Menschen, die sie gebrauchen konnten, nicht totzuschlagen.

Assikinder schlug man nur deshalb nicht tot, weil man sie danach nicht mehr hauen konnte. So hatte jeder seine Aufgabe, seinen Platz im kleinen Getriebe, während die Autoritäten sie für das große Uhrwerk zum Zahnrad schmiedeten.

Und wie alle Kinder am unteren Ende jener gnadenlosen Hackordnung, so war auch er, den nur ein paar Kinder Michi nannten und den der Rest der Meute immer nur mit seinem Nachnamen anpöbelte, mit seinem Platz nicht zufrieden.

Er hätte alles getan, um ihn zu verlassen. Hätte denunziert, geklaut, ja, auch anderen Leid zugefügt oder sich selbst verstümmelt. Heute fing er offiziell mit dem Rauchen an. Dass dies allerdings schlimmer ist, als sich den Finger abzuschneiden, wird er erst in zwanzig Jahren erfahren, wenn er wieder aufhören will.

Ein etwas zittriges „Hallo!“ verursachte zunächst nur ein windschiefes Grinsen. „Was willst'n hier?“

„Das Gleiche was du hier willst.“

„Werd nicht frech!“

„Haste mal Feuer?“

Dieser eine kurze Moment war es, auf den er so lange gewartet hatte. Das kurze Flackern in den Augen, dieser eine Moment, in dem es Stefan, Kalle und Rüdi nicht gelang, cool zu bleiben. Ja, sie waren überrascht und in dem Moment, als Kalle ihm die Streichholzschachtel an den Kopf warf und der dicke Stefan wieder begann, versonnen an seiner Speichelpfütze zu basteln, war er einer von ihnen. Zumindest diese eine Zigarette lang.

Und er genoss es in vollen Zügen.

„Von der Sehnsucht"

Sehnsucht bedeutet in unserem Sprachgebrauch das tiefe Verlangen nach jemandem oder nach etwas. Man sehnt sich nach einem Menschen, den man liebt, nach Geborgenheit, nach Wärme. Sehnsucht ist demnach gleichbedeutend mit Begehren und bezieht sich immer auf etwas, das gerade nicht da ist. Der Mensch erlebt die „Krankheit des schmerzlichen Verlangens"[10] in zwei extrem unterschiedlichen Versionen. Aktiv oder passiv. Entweder ist die Sehnsucht der „Turbomotor" des menschlichen Tuns oder der Grund für chronischen Phlegmatismus.

Das, was den Menschen veranlaßt, auf sein Begehren aktiv zu reagieren, definiert Sigmund Freud als Trieb. Und auch wenn wir alle wissen, daß der Sigmund mit dem eigenen so seine Probleme hatte und seine Mutter beim Ausziehen heimlich beobachtete, so hatte er in der Theorie doch einiges auf dem Kasten. Interessant bei Freuds Triebtheorie ist, daß er den Trieb als unwußten Drang definiert, einen früheren Zustand wiederzuherstellen. Der Trieb ist laut Freud etwas archaisches, was in Form von Affekten (damit meint er Gefühle und Empfindungen!) zum Vorschein kommt. Daraus ließe sich schlußfolgern, daß sich auch die Gefühle auf Erlebtes, Vergangenes beziehen würden. Die sogenannte „Todessehnsucht" muß man in diesem Glaubensmuster wohl mit dem Sehnen nach dem Zustand der Tabula Rasa[11] zum Zeitpunkt der Geburt begründen.

Sehnsucht ist aber auch ein Sehnen, dem ich kein "Wonach" zuordnen kann oder will. Wir spüren nur vage ein Defizit. Ja, Sehnsucht ist wie der Traum, an den ich mich nicht erinnern kann. Es ist lediglich eine Illusion, wenn wir die Sehnsucht in uns auf irgendjemanden oder etwas projizieren. Erfüllt sich unser Sehnen, geben wir uns noch schnell einen Schuß Dopamin. Dann kommt die große Krise, weil das Ersehnte, Erflehte endlich da ist, jedoch das Gefühl "Sehnsucht" einfach nicht weichen will. Genau dieser Zustand wird in der Romantik verklärt und

10 Sehnsucht als Definition im Grimm'schen Wörterbuch

11 Tabula Rasa: (lat. für unbeschriebenes Blatt, leere Schreibtafel), gemeint ist der ursprüngliche Zustand der Seele, (n. Platon) später der Zustand des Gehirns als Ort des Erlebten und Erkenntnis bei der Geburt (n. Locke).

brachte der Menschheit unendlich viele schöne Gemälde, Gedichte und Absinthleichen ein.

Ein Sehnen nach etwas, von dem Sie glauben, es nicht erreichen zu können, ist vollkommen sinnlos. Denn genau so, wie erst der Geist Realitäten erschafft, baut der Mensch sich seine Welt. Um beim Höhlengleichnis zu bleiben, sind nur und ausschließlich die Schatten, die der Mensch selbst an die Wand wirft, seine Vorstellung von Realität. Selbst in der Welt der Schattenspiele ist das Sichtbare so mannigfaltig, daß sich der Mensch aussuchen kann, was er sehen will.

Ich sehe, was ich sehen will. Sie sehen, was Sie sehen wollen. Oder Sie sehen, was andere Sie sehen lassen, wenn Sie nicht selbst schauen. Doch auch dann sehen Sie, was Sie wollen, nämlich das, was alle sehen oder was Sie meinen, daß alle sehen.

Seit der Mensch denkt, ist sicher, daß den Möglichkeiten menschlicher Wahrnehmung eine unüberschaubare Anzahl von Szenarien gegenübersteht. Deshalb kann jeder seine Realität frei gestalten. Darauf gründet sich jede Form von Lebenshilfe und jede Anleitung zum positiven Denken. Und die Quantenphysik schickt sich an, sogar "wissenschaftlich" zu erklären, daß außerhalb unseres Hirns wirklich nichts existiert.[12]

Da sich jeder also sein Leben selbst baut, können wir das Sehnen, dem man kein "Wonach" zuordnen kann, einfach abschaffen. Gibt es dieses "Wonach", dann hat ein Mensch plötzlich Träume, Ziele, Visionen und keine Sehnsüchte. Er beginnt sein Potential zu entfalten. Haben wir das begriffen, beginnt die "Sehnsucht" ihre ursprüngliche Bedeutung zu offenbaren, als die Sucht, sich zu sehnen, die Krankheit, sich zwanghaft mit dem zu beschäftigen, was man nicht hat, was nicht ist und niemals sein wird.

Sehnsucht schließt also schon in ihrem Namen selbst Erfüllung aus.[13]

So ist eine Hoffnung, ein Weg oder gar ein Ziel für den Sehnsüchtigen so

12 Googeln: Philosophische Deutungen der Quantenthorie

13 Das Wörtliche ist immer das Ursprüngliche. In den Begriffen und Wörtern, die etwas bezeichnen, schlummert sehr oft die ursprüngliche Bedeutung des Bezeichneten, die im Umgang mit Moral und Welt und in der Entwicklung der Sprache verfälscht und verfremdet wurde. Um darauf zu stoßen, genügt oftmals ein Wörtlichnehmen (Ent-Täuschung) oder eine Betrachtung in verschiedenen Sprachen (Gift und Geben).

etwas, wie kalter Entzug. Einen Drogensüchtigen kann ich isolieren, bis er clean ist. Er wird zwar das Mobiliar zerschlagen, schreien, sabbern, zucken, sich in die Polster seiner Gummizelle verbeißen, aber er hat eine Chance, "clean" zu werden.

Der nach dem Sehnen süchtige Mensch dagegen ist süchtig nach Entzug, er sehnt sich nicht nur nach dem, was er nicht hat, sondern danach, etwas nicht zu haben. Ich kann ihm diese "Substanz" nicht vorenthalten, denn es ist die Verweigerung selbst, die er begehrt. Sie können ihn mit der Lösung des Problems einsperren und er wird Sie dafür hassen. Aber Sie können ihn unmöglich dazu zwingen, etwas anzunehmen, das sowieso schon in ihm steckt. Deshalb wird die Sehnsucht verklärt, die Welt einerseits romantisiert und andererseits als schrecklich dargestellt.

Und obwohl ich dieses ewige Gejammer und Geheule SATT habe, wäre ich doch der letzte Gefühlsdusel auf Erden, der letzte, der dem Menschen seine Fähigkeit zu zügelloser Begeisterung madig machen oder gar aberkennen wollte. Nichts ist schlimmer als erkaltete Herzen, Gleichgültigkeit und nichts ist langweiliger als die reine Vernunft. Doch wer sich "richtig" sehnt, wird niemals resignieren, niemals stagnieren oder auf irgendetwas warten. Er wird den leuchtenden Punkt am Ereignishorizont ansteuern und sich dem daraus resultierenden Wirren und Wegen hingeben.

Ja, Sehnen erfordert Hingabe und das ist etwas Aktives! Sehnen bedeutet, den Nektar des Lebens zu genießen. Sehnen beschränkt sich nicht aufs Wünschen, denn wenn das Feuer der Begeisterung erstmal erloschen ist, bleibt die Asche der Verzweiflung, die Angst, etwas verpaßt zu haben und die Angst vor dem Tod. Wer sich die Fähigkeit des Sehnens und Erfüllens bewahrt hat, wird dieser Angst niemals begegnen.

Also: Auch wenn Sie aufhören zu jammern, ist es gestattet, zu weinen, zu hoffen, sich hinzugeben, zu lieben ... Doch jeder ist seines Glückes Schmied, seiner Sehnsuchts Ende, seiner Welten Gott, seines Lebens Meister. Keine Umstände hindern ihn daran. Niemand trägt diesbezüglich Fesseln, die er sich nicht selbst angelegt hat.

Nie war der Spagat zwischen den Machern, Denkern und der sich sehnenden "grauen Masse", die sich ja qualitativ nicht sonderlich weiterentwickelt hat, so groß. In meiner Wahrnehmung teilt sich die Herde Mensch diesbezüglich in verschiedene Gruppen ein. (Und sowohl Schäfer, als auch die Wachhunde sind nichts anderes als verkleidete Herdenmitglieder). Derartige Schubladen dienen lediglich dem Verständnis der eigenen Funktionalität. Es gibt andere austauschbare Prinzipien, mit denen die Philosophen, Schriftsteller oder Gesellschaftswissenschaftler die Menschen, ihr Denken, ihr Handeln und die daraus resultierenden Verhaltensphänomene eindrucksvoll beschrieben haben.

Meine Gruppen unterscheiden sich nicht durch ihr Tun oder gar ihr Aussehen. Sie bilden sich vielmehr über Gewohnheiten, Gebaren und Verkleidungen hinweg: Menschen haben Visionen ODER Ziele.[14] *Oder sie gehören zur Mehrheit, die keines von beiden hat. Hierbei ist es egal, ob das Individuum dieses Fehlen kompensiert oder erträgt, ob es die Visionen selbst bestimmt ODER Ziele übernimmt. Wirklich relevant für die individuelle Entwicklung ist nur, ob es durch Visionen ODER Ziele geleitet wird oder stagniert.*

Nur der Visionär ist glücklich und dieser gehört, Sie ahnen es, zur absoluten Minderheit. Doch auch die Gruppe der Menschen mit Zielen ist im Vergleich zur stagnierenden „Masse" sehr klein. Das Verharren auf einem geistigen Niveau wird von der durch Minderheiten vorangetriebenen technischen Entwicklung und vom allseits abrufbaren vermeintlichen Erkenntnisstand der Menschheit wunderbar kaschiert. Und so vergessen wir immer wieder, daß wir den sogenannten Fortschritt immer weniger Menschen und immer mehr Maschinen zu verdanken haben.

Beispielsweise hat die europäische Herde gelernt, einigermaßen zu lesen, zu schreiben und zu rechnen, die Toilettenspülung zu benutzen und zu telefonieren. Für fünfhundert Jahre Dasein ist das erbärmlich. Zumal man dabei ja das Feuermachen und das Märchenerzählen verlernt hat und gerade dabei ist, sich Lesen, Rechnen und Schreiben wieder abzugewöhnen.

14 Ziel und Vision: Hier im gegensätzlichen Gebrauch: Das Ziel (Target) ist der Punkt, den ich anvisiere. Die Vision ist das Bild von einem möglichen Ist-Zustand, welches ich in mir trage. Siehe auch Kapitel „One Vision"

Auf der anderen Seite hat es die geistige Elite beinahe vollbracht, die Welt allumfassend zu beschreiben, sie zu vernetzen und beinahe perfekt zu simulieren.

Der rasante technische Fortschritt hat einem großen Teil der Menschen das Leben gnadenlos erleichtert, sie aber nicht glücklicher gemacht.

So wurde es im sogenannten Informationszeitalter zunehmend Brauch, sich gedankenlos mit Informationen vollzustopfen, ohne sie zu verarbeiten. Genauso, wie wir uns inmitten des Nahrungsmittelüberflusses fettfuttern und gleichzeitig emotional verwahrlosen, weil wir keinen Nutzen mehr im Zusammensein erkennen können, jedoch immer noch Angst vor der Einsamkeit haben.

ZNS

Ein durch Downer erzwungener Schlaf ist alles andere als traumlos. Bei Muskelentspannern mit Bier oder nach der exzessiven Verabreichung von Drogen, mit oder ohne Rezept, kann man sich an die Erlebnisse in der Welt des REM-Schlafes nur nicht erinnern. Die Augen stehen still, sind zu faul, sich zu bewegen.

Nach drei Wochen beginnt sich das Zentrale NervenSystem aber anzupassen. Und man erinnert sich - wie bei einem Flashback - meistens in den Wachmomenten, kurz vor der nächsten Medikation. Und wie alles andere, setzt man auch seinen betäubten Geisteszustand in Traumbilder um. So träumt man eigentlich immer mit Klebstoff an den Füßen oder gleich die berüchtigten „Unterwasserträume", ohne Sauerstoffgerät, in denen nur das Selbst glockengleich von Wasser umgeben zu sein scheint. Die Monster schlagen in Echtzeit zu und das Ich reagiert wie in Zeitlupe. Und wenn sie einen dann erwischen, wenn sie einen beißen, schlagen, den Kopf abreißen oder sonstwas anstellen, ist man zu faul zum Aufwachen. Tut ja auch nicht weh, denn schließlich ist man bis unter die Schädeldecke eingelegt in schmerzstillende Substanzen.

Und weil Träume in Zeitlupe bekanntlich fast ewig dauern, hinterlassen sie auch entsprechend tiefe Spuren, Furchen im Hirn, Striemen auf der Haut, Flecken auf den Laken. Die Realität versinkt in einem Morast aufgeweichter Synapsen, zersägt mit Psychopharmaka, eingelegt in Speichel und Schweiß.

Die Persönlichkeit zerfällt nicht, sie löst sich auf.

Früher war Menschenbrechen noch ein ordentliches Handwerk. Es wurde geschnitzt, geflochten, geschmiedet und nicht zuletzt auch kunstvoll inszeniert. Optimisten behaupten ja, dass Hinrichtungen und jenes Zum-Trocknen-an-den-Pranger-hängen, das Kreuzigen, Köpfen, Strangulieren und Vierteilen in der

Öffentlichkeit allein der Abschreckung gedient haben soll. Aber leider wissen wir es dank der akribischen Arbeit von masochistischen Wühlmäusen besser.

Tendenziell hat die Archäologie in den letzten dreißig Jahren zwei große Themenkomplexe für unsere Vergangenheitsbewältigung herausgearbeitet: Erstens waren die Lebewesen und Kulturen, die wir ausgerottet haben, viel vernünftiger und intelligenter, als wir bisher glaubten und zweitens waren wir in unserer Vergangenheit alles andere als kultiviert und gebildet. Die eigenen Kapitel der rückwärts geschriebenen Erdgeschichte werden mit jedem Fund ein Stück düsterer und die Relikte derer, die wir auf dem Gewissen haben, machen Staunen, Bestürzung und erschließen neue Tourismuszweige.

Aber wir sind lernfähig. Seit 200 Jahren gelten Neger als Menschen. Seit 100 Jahren stellen wir sie nicht mehr in Zoos aus. Seit 50 Jahren gehen wir schrittweise dazu über, sie auch wie Menschen zu behandeln.

Heute zahlen wir Eintritt, um uns die Ruinen jener Städte anzuschauen, die unsere Vorfahren niederbrannten und befriedigen unseren Selbsthass mit Ego-Shootern anstatt in den Krieg zu ziehen, schießen mit Bleikugeln auf Rosen anstatt mit Steinen auf die Todgeweihten.

Damals sind wir noch auf den Marktplatz gegangen und haben uns jene Spektakel in natura angeschaut, die wir uns heute in der Splatter-Abteilung einer Videothek ausleihen. Und die Menschen sind damals genauso wenig dorthin gegangen, um sich vor bösen Taten abschrecken zu lassen, wie wir heutzutage *Saw 1-6* Videoabende mit Chips und Bier abhalten, um tugendhafte Menschen zu werden.

Und so gehen diejenigen, die früher dem Köpferollen beiwohnten heute zum Fußball und diejenigen, die sich einst daran weideten, wie anderen der Arsch auf Grundeis geht, zu einem Shakira-Konzert.

Früher waren die Kämpfe echt und wir zollen auch heute noch

den Gladiatoren des alten Roms einen unglaublichen Respekt, als wären wir alle dabeigewesen. Heute tun unsere vermeintlichen Helden nur so, als ob sie sich nicht leiden können. Alle wissen das und geben vor, dass sie das Theater für echt halten. Wir nennen das Wrestling. Da sich die Sterblichkeitsrate bei solchen Spektakeln allerdings im Laufe der Menschheitsgeschichte indirekt proportional zum Eintrittspreis entwickelte, müssen wir unsere wachsenden Defizite irgendwie mit Ersatzbefriedigungen ausgleichen. Wir erfanden den SSV, dann SVV, dann ADS und schließlich begannen wir, uns gegenseitig zu misshandeln.

Weil das Sterben und Töten von Unbekannten auf die Dauer emotional nicht kickt, gingen wir dazu über, uns vor dem Massaker ineinander zu verlieben oder die Opfer selbst in die Welt zu setzen. Da wir bei der Produktion von Frischfleisch sehr lange brauchen, mussten wir schließlich die Videokamera erfinden, um das Foltern mitschneiden zu können.

Jetzt sind wir in der Lage, unsere Mitmenschen an unseren Zweikämpfen teilhaben zu lassen. Und umgekehrt müssen wir auch nicht immer selbst Hand anlegen, um uns zu befriedigen. Was dabei herausgekommen ist, wissen wir alle: Überbevölkerung und Voyeurismus. Immer weniger Menschen töten nun für immer mehr Menschen und die Kluft zwischen Machern und Gaffern wächst immer weiter!

Brot, Blut und Spiele sind also immer noch die drei Eckpfeiler menschlichen Wohlbefindens. Nur der steigende Bedarf an Unterhaltung durch die permanent wachsende Bevölkerung zwang uns, vom Einwegsuperstar auf die Mehrwegschiene umzusteigen. Und so lange die von RTL es nicht schaffen, aus DSDS eine Daily Soap zu machen, werden wir es uns nicht leisten können, die Clowns nach dem Striptease zu vierteilen, weil für das volle Programm einfach zu wenig neue Opfer rekrutiert werden. Zudem haben wir den Handbetrieb beim Töten fast gänzlich verlernt, jenes Kunstgewerbe, das uns Voyeuren Genuss verheißt und den Henkern Befriedigung verspricht.

Angefangen beim Vieh. Wenn wir alle Schweine mit der Hand abstechen müssten, würden wir verhungern.

Und wenn wir unsere Kreuzzüge mit Lanzen, Schwertern, oder wie die Kongolesen mit Macheten durchziehen würden, stünde der Aufwand in keinem Verhältnis zum Ergebnis. Das ist der Grund, warum wir erst Distanztötungswaffen und dann Massenvernichtungswaffen erfinden mussten.

Von da an ging es bergab mit der Unterhaltungsbranche. Nichts ist, im Vergleich zu einer Kreuzigung, langweiliger als ein Erschießungskommando. Es macht Bumm! und der Star fällt um. Dafür muss man nicht seinen freien Sonntag opfern und ins Stadion pilgern, dorthin, wo wir als Pöbel noch vor 500 Jahren riesigen Frauengrillfesten beiwohnten und uns bei Auspeitschungen und Vierteilungen Blut und Gewebereste aus dem Gesicht wischen durften. Außerdem sind heute Tötungsszenarien mit Publikum ein Risikofaktor, denn auch wenn man ein Dorf satellitengesteuert präzise auslöschen kann, ist die Wahrscheinlichkeit sehr groß, das Publikum gleich mit zu verfeuern. Oder der Mob müsste so weit weg sitzen, dass er von Blut und Körperteilen gar nichts mitbekommt.

Deshalb gibt es heutzutage das Fernsehen. Die Maschinerie des sogenannten Fortschritts kann somit ungebremst die Effizienz des Tötens stufenlos dem Bevölkerungswachstum anpassen.

Doch die Population des Homo Sapiens Sapiens wächst trotz der freiwilligen Selbstkontrolle immer weiter. Nichts von Menschen Gemachtem scheint sie aufzuhalten und auch hier glauben wir felsenfest an unsere wachsende Intelligenz als Ursache.

Doch der wahre Grund, dass die Menschenproduktion trotz immer effektiverer Tötungsmethoden beharrlich schneller ist als die Vernichtung, ist ein anderer: Wir dämmen Gottes hilfreiche Seuchen und Krankheiten ein, indem wir uns öfter waschen und vermehrt unsere Exkremente von unserem Essen trennen.

Nicht die Wissenschaft oder der technische Fortschritt sind also schuld an diesem Desaster, sondern die Klempner. Wären sie nicht so umtriebig, würden wir immer noch auf die Straße kacken und uns friedensstiftende Bazillen einfangen. Wir hätten kein Rentenproblem, keinen Lehrermangel und eine ordentliche Säuglingssterblichkeit.

Wir hätten demzufolge auch kein angebliches Problem mit der Verrohung und Verdummung der jungen Generation. Das Bildungsniveau sinkt nicht, es stagniert noch auf dem gleichen Level wie vor 1000 Jahren, auf jenem Wissenstand, der uns durch die jeweilige Epoche trägt.

Die Tatsache, dass wir ein Smartphone bedienen können, macht uns, im Direktvergleich mit den Bauern aus dem Mittelalter, zu keinen schlaueren Menschen. Im Gegenteil. Wir könnten zwar im Dunkeln dem Freundeskreis noch eine Notruf-SMS schicken, wenn der Strom ausgefallen ist, aber wir wären inzwischen zu dämlich, ein Feuer ohne Grillanzünder zu machen, falls niemand kommt und die Sicherung wieder reindreht.

Wir wären nicht mal in der Lage, ein Schwein zu grillen, geschweige denn, es zu töten. Wir könnten weder Papier schöpfen, noch Briefe schreiben und schon gar nicht Botschaften in Stein meißeln.

Und wenn es einem Alpha-Menschen gelänge, Feuer zu entfachen und so Licht in das stromausfallsbedingte Dunkel zu bringen, dann würde man ihn einfach auf seinem eigenen Scheiterhaufen verbrennen.

Ich wache auf, schweißgebadet, es riecht nach verbranntem Fleisch und wenn ich nicht zu träge wäre, den Kopf zu heben, könnte ich bestimmt die Flammen sehen, die aus den kleingesägten Nervenbahnen emporschlagen und zusammen mit dem Angstschweiß um meinen Körper kämpfen.

„Krankheit“

Unsere sogenannte Schulmedizin wirft generell Krankheiten und Symptome durcheinander - sagen die selbsternannten Heiler. Wir bekämpfen Kopfschmerzen, ohne erkunden zu wollen, warum es eigentlich wehtut, fressen Antibiotika, ohne zu wissen, woher die Entzündung kommt. Mit diesen Argumenten beladen, neigen Kritiker dieses Systems sehr schnell zu Pauschalurteilen und zu Fluchtverhalten hinein in die Welt der alternativen Medizin - und diese ist zweifelsohne mit Spinnern und Scharlatanen überfrachtet, die zwar aufrichtig dein Bestes wollen, aber vermehrt dein Geld und deine Dankbarkeit damit meinen.

Wir leben in einem wissenschaftlich orientierten, hoch technisierten System, in dem man nur glaubt, was man sieht. Durch diese Einstellung befreiten wir uns von Aderlass, Beschwörungen und allerlei anderem tödlichem Hokuspokus. Unsere Medizin hat natürlich auch viele Ansätze von natürlicher Heilung in das Vergessen gestoßen, welche ganze Bereiche moderner chemischer Quacksalberei überflüssig machen könnten. Doch es ist in erster Linie die enorm wirtschaftliche Orientierung des medizinischen Systems, die Unheil stiftet. Andere Sichtweisen und Heilmethoden sind Konkurrenz, wenn es ums Geld geht. Es ist also die Kommerzialisierung der Medizin, die uns zu Sklaven macht. Ganz einfach, weil wir ebenfalls an das Geld glauben.

Deshalb ist es auch nicht falsch, seine Technikgläubigkeit abzulegen, sich nichts herbeiuntersuchen zu lassen, Massenhysterien zu vermeiden und ab und zu einmal hochzurechnen, wieviel Profit unsere HIV-Positiven der Pharmaindustrie alltäglich so bescheren. Wir wissen auch, daß ein großer Teil unseres Krankenstands der Gier nach Beachtung und der Schwächung des Immunsystems durch unsere Lebensweise zu verdanken ist. Nicht zu vernachlässigen ist hierbei auch eine unheilbare und ansteckende Massenhypochondrie, ein anerzogener Kontrollzwang und eine enorme Affinität zu Katastrophen und schlimmen Dingen, die in der Zeitung stehen. Letzteres ist die Ursache für neue Krankheiten und entsprechende Therapien und Medikationen.

Wir leben im Kapitalismus!

Die Nachfrage bestimmt das Angebot!

Und kein Konzern würde uns Scheiße erzählen, wenn wir sie nicht kaufen und fressen würden. Das Fastfoodketten-Phänomen ist durchaus auch auf die Pharmaindustrie anwendbar.

Mit der Medizin verhält es sich ähnlich wie mit Religionen. Trotz Sachzwängen sind es doch auch Kultur und Lebensweise, die das Gesundheitsbild einer Gesellschaft prägen. Chinesische Heilkunst paßt eben nur bedingt zu einem europäischen Organismus. In erster Linie, weil man einem Menschen nur schwer eine andere Denkweise überstülpen kann. Schließlich ist jede Krankheit oder zumindest der Weg aus ihr heraus in gewisser Weise psychosomatisch und auch kulturell bedingt.

So wie sich im metaphysischen Sinne Ursache und Wirkung einander bedingen und jede Wirkung wiederum zu einer Ursache wird, verhält es sich auch mit Krankheiten und Symptomen. (Das Symptom ist der Schmerz, dessen Ursache eine Krankheit ist, die wiederum das Symptom einer ungesunden Lebensweise und/oder einer ungesunden Umwelt.)

Der Arzt kann also immer nur ein Symptom behandeln. Es ist auch sehr wichtig, daß er dies tut. Und wir sollten ihm dafür dankbar sein. Ob aus der Linderung oder gar Gesundung auch eine Heilung wird, hängt immer vom Betroffenen selbst ab. Ein Arzt, gleich welchem Glaubensmuster er frönt, kann also Gebrechen lindern, dem Symptom einen Namen geben und im besten Fall den Menschen davon befreien. Er kann ihn aber niemals heilen. Das ist auch gar nicht seine Aufgabe.

Unabhängig davon, ob und wie wir die Krankheit behandeln, hat jede Krankheit ihre miteinander in Wechselbeziehung stehenden Gründe. Meistens gilt es Lebensweisen, Handlungen, Denkschemata zu prüfen, zu verlassen und sich wieder bestimmten Prinzipien zuzuwenden, die man vernachlässigt hat oder denen man sich gänzlich verweigerte. Nicht der Schulmediziner ist also der Böse, sondern der Patient, der aus dem Zustand, den der Arzt mehr oder weniger erträglich machen kann, nichts lernt. Jede Krankheit, ob Schnupfen oder Trümmerbruch, ist eine Zäsur im Leben, auf die Sie entweder mit Ignoranz, Jammern oder Einkehr reagieren können.

Und das gilt auch für jedweden Gemütszustand, von Liebeskummer bis Depression oder für Befindlichkeiten, denen Sie keinen Namen geben können.

Leiden führt zu Erkenntnis. Erkenntnisverweigerung führt zu Leiden.

Nichts läßt Sie ihr Leiden besser ertragen als die Gewißheit, daß es anderen noch schlechter geht und der unerschütterliche Glaube an Fremdbestimmtheit. Und weil dieses Wort so unbequem ist, nennen wir diesen Umstand Schuld. Es geht aber nicht um Schuld und Sühne, sondern um die Frage, wo das Leiden herkommt. Selbst die Buddhisten, als vorzeigbare Gutmenschen, sehen es als einen Zustand an, der durch Anhaftung hervorgerufen wird, von der es sich zu befreien gilt.

Somit hat auch Heilung immer etwas mit Erkenntnis zu tun. Das Wort selbst ist mit heilig mehr als nur verwandt. Heil(ig)en können aber nur die wenigen, die sich selbst schon geheil(ig)t haben und diese wiederum haben auch begriffen, daß Heilung immer nur Selbstheilung bedeuten kann und der Heiler nichts anderes ist als der Lehrer, der dem Schüler den Weg zum Spiegel zeigen kann.

Erkenntnis ist also immer Selbsterkenntnis. Heilung immer Selbstheilung. Und so ist der Akt des Heilens wie auch der Akt des Lehrens eine symbiotische Handlung. Die Wissenden bedürfen der Nichtwissenden ebenso, wie die Heiler der Kranken. Dieser Erkenntnis und der daraus resultierenden Auflösung jedweder Hierarchien erwächst aufrichtiges Mitgefühl und Demut, jenseits von Mitleid und Altruismus.

Altruismus[15] *ist das Tarnkleid einer weit verbreiteten Krankheit.*

Denn viele Menschen ergreifen helfende Berufe oder ehrenamtliche Tätigkeiten, um entweder keinerlei Eigenverantwortung übernehmen zu müssen, ihr Gewissen zu bereinigen oder um sich gutfühlen zu können. Oftmals schlummert darin auch der Wunsch, sich nicht um seine eigenen Probleme scheren zu müssen, wenn man sich um die der anderen kümmert oder die Sucht nach einem tückischen Überlegenheitsgefühl.

---

15 Altruismus (lat. alter ‚der andere‘) ist eine Verhaltensweise, die einem Individuum mehr Kosten als Nutzen einbringt zugunsten eines anderen Individuums oder die willentliche, uneigennützige Verfolgung der Interessen des Gemeinwohls.

Kniefall und Bewunderung für alle, die im Gegensatz zu mir, die Kraft aufbringen, das Leiden zu lindern und die Wunden, die wir uns reißen, zu versorgen. Jeder soll Hilfe erfahren, wenn er Hilfe benötigt.

Nur kann ich niemanden das Radfahren beibringen, wenn ich selbst nie über das Stützräderstadium hinausgekommen bin. Ich sollte es vermeiden, anderen erklären zu wollen, wie man schwimmen kann, wenn ich es selbst nicht draufhabe. Auch als Meisterschwimmer sollte ich meiner Tätigkeit als Schwimmlehrer immer auch einen persönlichen Nutzen zugestehen. Alles andere schürt nur die Eitelkeit, bläst das Ego auf und degradiert die Bedürftigen.

Alles hat seinen Preis und wenn man diesen aufrichtig nennt, kann der andere auch immer „Nein“ sagen. Ist man in der Position des Bedürftigen, so ist es oftmals schwer, daran zu glauben, daß man immer eine Wahl hat. Das ändert aber nichts an der Tatsache, daß es so ist.

Krankheit ist keine Strafe. Auch wenn wir ihren Verlauf manchmal durch unsere Lebensweise begünstigen, so ist sie doch eher der uns in seiner mannigfaltigen Pracht unwillkürlich heimsuchende Normalzustand. Wirklich ganzheitlich und dauerhaft gesund sind die wenigsten.

Nekrophagen

Ein erbärmliches Quietschen verkündet die herannahende Fütterung. Die Tür geht auf. Heute bringt Edgar das Essen. Es gibt Klops mit Kapern und Kartoffeln. Edgar schneidet mir die maschinengeschälten Erdäpfel in kleine Stücke.

„Heut sehen wir uns wohl zum letzten Mal."

„Wieso?", frage ich erstaunt und vergesse für einen Moment, dass ich eigentlich kein Fleisch esse.

„Ich habe einen neuen Job", sagt Edgar sichtlich erfreut, während er mir einen weiteren Klops viertelt. „Ich werd ab nächster Woche das Essen woanders ausfahren, in einer Schönheitsklinik."

„Nnnein ... kkeinen Klops, nur Kkkartoffeln ..."

„Hab dich nich so, Michael. Gegessen wird, was auf den Tisch kommt ... eins für den Papa ... und eins für die Mama ..."

Karnivore ernähren sich überwiegend von Fleisch. Man unterteilt sie entsprechend ihrer Essgewohnheiten. Da gibt es die latent omnivoren, die auch mal Pflanzliches zu sich nehmen und die Nekrophagen, die es gern auch mal ein bisschen angegammelt mögen, so wie beispielsweise die Geier.

Aber auch Raben fressen totes Fleisch und rufen auch mal die Wölfe, falls sie mit dem Zerkleinern Schwierigkeiten haben.

Sie alle essen, was sie töten oder das, was weg muss, herumliegt und irgendwann ordentlich stinken würde.

Einen reinen Aasfresser gibt es eigentlich nicht und umgekehrt ist kein Fleischfresser so pingelig, wenn er etwas findet, das schon ein paar Tage nicht mehr gezappelt hat oder nicht aufgegessen wurde. Der Grund, dass Geier überwiegend Gammelfleisch futtern, ist eine archaische Größe, die in jedem Wesen fest verankert ist: Die Faulheit, oder besser das Bestreben, mit so wenig Energie wie nötig, so viel Energie wie nur möglich aufzunehmen. Töten kostet Zeit, Nerven und Energie. Es ist immer einfacher zu essen, was rumliegt, als irgendeinem Wesen, das am Leben hängt und nicht bereit ist, den Löffel abzugeben, hinterherzuhetzen.

Geier können ganz gut gucken und sind Weltmeister im Gleitflug. Somit können sie ohne Probleme ein riesiges Gebiet systematisch nach herumliegenden Leckerbissen absuchen. Das ist allemal einfacher, als hinter panischen Mäusen herzuflattern.

Wölfe oder Löwen können dagegen nicht so gut fliegen und auch nicht so gut gucken. Sie müssen sich auf ihre Nase verlassen. Und wenn nicht gerade ein Hirschragout in der näheren Umgebung herumgammelt, dann sind sie eben gezwungen, irgendeinem ahnungslosen essbaren Wesen das Licht auszublasen. Das ist anstrengend. Deshalb lieben Raubtiere auch Dosenfutter und lassen sich von Wesen, die mit einem Dosenöffner umgehen können, erstaunlich viel gefallen.

Ja, sofort denkt man dabei an Hunde.

Sie sind der Prototyp des durchgeknallten, devoten Fleischfressers und lassen sich, nur mit der vagen Chance auf mit Rohasche versetztes Ragout, zu erniedrigenden Handlungen dressieren. Sie holen Stöckchen, rennen Bällen hinterher, die der Gott mit dem Dosenöffner-Spezial-Fähigkeiten lässig durch die Gegend wirft. Sie führen Zirkusnummern auf und erledigen Dienste, die ihnen schlussendlich mehr Energie abverlangen, als sie für die Eigenversorgung in einer Welt ohne Dosenöffner aufbringen müssten.

Das liegt daran, dass sie von Physik im Allgemeinen und von Energieeffizienz im Speziellen absolut keine Ahnung haben.

Und sie wissen auch nicht, dass es ihren Göttern ebenso geht, dass ihre Herrchen und Dämchen sich wiederum anderen unterwerfen, um an Dosen und Dosenöffner heranzukommen und dass sie dabei mehr Energie aufbringen müssen, als das Verspeisen des Doseninhalts jemals freisetzen könnte.

Die dosenöffnenden Superhelden tun erstaunliche Dinge, die kein aufrechter Karnivore tun würde, erniedrigen sich, um jene, die sich ihnen unterwerfen, zu beeindrucken.

Gehen in Fabriken und Büros, füllen Formulare aus, fällen Bäume und sie töten andere Wesen, ohne sie zu essen oder wenigstens in die Dosen zu stecken, mit denen sie dann nach Hause kommen.

Auch sie erkennen nicht, oder wollen es zumindest nicht wahrhaben, dass diejenigen, die ihnen die Dosen und die Geräte, mit denen sie die Dosen öffnen können, gegen die Früchte ihres Frohndienstes tauschen, sehr viel Arbeit verrichten mussten, um die Dosen mit dem Fleisch anbieten zu können. Auch Dosenanbieter führten Zirkusnummern auf und erledigten Dienste, die ihnen schlussendlich mehr Energie abverlangten, als sie für die eigene Energieversorgung aufbringen müssten.

Seit die Dosen und die Dosenöffner erfunden wurden, ist also die Nahrungskette eher ein Kettenhemd geworden.

Niemand, weder Hund noch Hundebesitzer, noch die Hundebesitzerbesitzer wissen zudem, was wirklich in den Dosen drin ist.

Wer oder was tötet wen oder was - und wofür?

Oder sind es am Ende doch nur ein paar Geier, die das, was freiwillig abgenippelt ist, erspähen, einsammeln, in Stücke schneiden und in die Dosen stopfen. Für die Umwelt, für ein sauberes Land, auf dem Hunde Bällen und Stöckchen hinterherrennen, die sie dann gegen Dosen voller Fleisch eintauschen?

Würden die Karnivoren sich zusammenrotten und all ihre verkümmerten Rechenkünste bündeln, würden sie herausfinden, dass die Energie, die wegen nur einer Dose Futter vergeudet wurde, wahrscheinlich ein ganzes Leben reichen würde. Dann würden Hunde wieder zu Wölfen werden, zu Selbstversorgern. Niemand müsste sich mehr im Kreis drehen, beim Versuch, sich selbst in den Arsch zu beißen. Die Jäger hätten ihren Spaß, die Gejagten eine faire Chance und die Erlegten würden für einen guten Zweck sterben.

Karnivore aller Wälder vereinigt euch!

Und die Menschen würden merken, dass sie keine Karnivore sind, es nie waren und nie sein werden. Und sie würden es wieder den Kühen und Schafen gleichtun - und einfach freiwillig ins Gras beißen.

Edgar schiebt mir das letzte Viertel Klops in den Mund und grinst. „Fein, jetzt noch runterschlucken und dann gibt's morgen auch schönes Wetter und du darfst raus in den Garten."

Mir ist schlecht. Klops mit Kapern ist so ziemlich das Widerlichste, was mir hier je in den Rachen gestopft wurde.

„Ich glaub, ich ... glaub, ich muss gleich ... kotzen ..."

Da ich zwar sitze, aber immer noch fixiert bin, spritzt der Klopskartoffelkapernbrei, den mir Edgar in mühevoller Kleinarbeit reingestopft hat, ungebremst auf Bett, Fußboden - und auf Edgar.

Edgar brüllt „Scheiße!" und lediglich sein Ekel vor mir und dem Zimmer, das jetzt aussieht, wie meine Lieblingsszene aus *Der Exorzist*, rettet mich vor einer unglaublichen Tracht Prügel. Um mich herum braust hektische Betriebsamkeit auf. Ich weiß, was jetzt kommt.

Ein Schlauch.

Ich schreie.

Als ich aufwache steckt der Schlauch in meiner Nase und ich weiß, dass ich in den nächsten Wochen keinen Klops mehr essen muss. Das Leben kann so schön sein.

Breiblockade

Beschmiere jene Wände,
an denen einst mein Kopf
beim Sinnen übers Weltenende
fast schon zu zerbersten drohte.

Der Schädel, dieser soziophobe
und sondergrößenwahndevote,
hielt den Schlägen eisern stand.
Den Knochensägen, Pfeil und Degen,
Zangengriff und Stempelprägen
Hausaufgabenhefteinträgen
und darauf erfolgten Schlägen

von vorgesetzten, unbekannten
Erzeugern und Wahlpflichtverwandten.
Und ja, er trotzte auch der Wand
gegen die ich wütend rannte,
als ich den wahren Grund erkannte,
weshalb ich mir den Mund verbrannte -
Unterlippe Oberkante.

Versuch' doch mal, den süßen Brei
einfach nicht zu fressen!
Versuch' doch mal, das Einerlei
einfach zu vergessen,
das sie multimedial
ständig in Dich pressen,
oral, anal und vaginal.
Äh, hab ich was vergessen?
Nasal? Ok, ... Mit Stick und Spray.
Wenn Du Dich davor scheust,

füttern sie Dich *night and day*,
bis Du Dich endlich freust –
drehn Dir 'nen Korken in den Arsch,
damit Du's wiederkäust,
und schütten Bier und streuen Pillen,
dass Du's nicht bereust.
Sie haben Angst.

Wie gesagt, versuch' doch mal,
Dich einfach zu verweigern.
Sie werden Druck und Freierzahl
bis zum Anschlag steigern,
denn sie haben Angst vor dem,
was sie geworden sind.
Fürchten sich vor Zungen,
die sagen, was nicht stimmt.
Sie schlagen gerne auf Dich ein
und lieben Dein Gewimmer,
sie halten ihre Brut gern klein
und sperren sie in Zimmer,

die ihre Führer und bekannten
Erzeuger und Wahlpflichtverwandten
mit ihren Bildern ausgestalten
und massenmedial verwalten,
mit ihrem Meinungsmonopol.
Dank Ritalin, dank Propofol
und pränatalem Alkohol
reicht Popidol mit Birne hohl …

Sie haben Angst vor Sehenden,
weil die nicht hilflos sind.
Sie haben Angst vor Fragenden,
also vor jedem Kind.
Sie haben Angst vor Blättern,
die von Mündern fallen.
Sie werden wetternd jene schreddern,
die nicht im Chor mitlallen.
Und Willen, Kreuze, Herzen brechen,
Denkende sedieren.
Den Sehern in die Augen stechen,
nur um zu regieren.

Der süße Brei, er wird nicht kälter.
Die Breichenfresser werden älter.
Und nichts bleibt außer Drohgebärden
und der Gewissheit, dass auf Erden
in unseren Zweibeinrinderherden
Geschändete zu Schindern werden.

All You Can Eat

„Gegessen wird, was auf den Tisch kommt!"

Das hat die Nachkriegsgeneration der Vorkriegsgeneration beigebracht. Die Maxime aus einer Zeit, in der Kohl oftmals die einzige Alternative zum Hungertod darstellte, ist geblieben. Aus Einheitsbrei wurde Schonkost, dann Rohkost, Trennkost und schließlich Mülltrennung.

Der Überlebenskampf hat sich gewandelt.

Nach dem Krieg kehrte sofort die Gleichberechtigung ein.Nie wieder haben so viele Frauen in Deutschland auf dem Bau gearbeitet, wie kurz nach der Kapitulation. Überhaupt waren Frauen viel besser in den Arbeitsprozess eingebunden.

Ihre Oma hatte sich noch von den Russen im Akkord die Seele aus dem Leib ficken lassen, damit die Familie nicht verhungerte. Heute kotzt sich die Enkelin im gleichen Stakkato die gleiche Seele aus dem ebenso zierlichen Leib, damit sie gefickt wird.

Generationskonflikte sind da vorprogrammiert.

Die Verwandtschaft hatte sie schon nicht verstanden, bevor sie mit dem Reiern anfing. Singen? Malen? Nichts als Flausen im Kopf! Wer nicht kochen kann, bekommt keinen Mann ab. Und genau so war es dann auch. Man konnte ob der Ursache streiten, vielleicht lag es ja auch daran, dass sie schlauer war, als die meisten Kerle, die sich für sie interessierten, aber das Resultat war dasselbe.

Wenn man 33 ist und noch nicht Mutter, dann ist das Leben wirklich einsam. Um bei einem One-Night-Stand den Kerlen die Angst vor ungewollter Vaterschaft zu nehmen, musste man sie schon gehörig abfüllen. Ernsthafte Beziehungen beginnen dagegen gleich mit der Familienplanung, schließlich tickt die Uhr, denken die Verehrer.

Sabrina lauscht in sich hinein. Da tickt nichts ... Keine Uhr. Dabei ist sie Ü30. Unheilbar krank.

Selbst potentielle Arbeitgeber sehen zwar noch ein Sexobjekt in der potentiellen Mitarbeiterin, würden aber am liebsten immer eine Unfruchtbarkeitsbescheinigung verlangen. Und weil sie die nicht verlangen dürfen, gibt's ab 30 eben nur noch Absagen.

Sabrinas Familie erstarrte zunehmend in hilfloser Angst vor dem eigenen Aussterben und die einstigen Freundinnen mieden die Unbefruchtete wie der Teufel das Weihwasser.

Aber das störte Sabrina am wenigsten. Gerade weil sie, als nichttickende Frau, die plötzliche Debilität einfach nicht verstand, mit der ihre Freundinnen die Kinderschreie ertrugen, ja, sie zu genießen schienen. Sie hielt es für befremdlich, wenn ihre ehemaligen Freundinnen plötzlich entrückt in der Scheiße ihrer Brut herumwühlten. Sie blickten nicht mehr, wie Sabrina, in eine ungewisse Zukunft, ihre einzigen noch frei gestaltbaren Lebensphasen waren die Zeitspannen zwischen Abstillen und dem nächsten ersten Brechreiz.

Sabrinas Mutter durfte nicht kotzen und sie wollte auch nicht vögeln, hatte die Pornos ja schon mit dreieinhalb Jahren sowas von satt, saß immer neben Oma, wenn sie mit gerafftem Rock für das Brot der Familie aufkam.

Und später war sie froh, dass immer genug zu essen da war und eigentlich nur ein Mann ihr an die Wäsche wollte und auch nur, wenn das Licht aus war. Wenn Sabrina heute ihre Mutter fragen würde, wo die Kinder herkommen, würde die sicherlich immer noch erröten. Aus Unwissenheit. Alle Frauenbewegungen sind spurlos an ihr vorübergegangen.

7 Uhr Frühstück, 12 Uhr Mittagessen, 15 Uhr Kaffeetrinken, 18 Uhr Abendbrot. Die Errungenschaften, für die Oma hart gearbeitet hatte, werden von der Enkelin einfach das Klo hinuntergespült. Was bildet sich die Göre eigentlich ein? Kniet hier auf dem Kloteppich und spuckt eineinhalb Maximenüs einfach so wieder aus.

Wenn sie sich zum zweiten Gang die Dr. Best Zahnbürste (mit

den extraweichen Borsten für besonders empfindliches Zahnfleisch) in den Rachen schiebt, muss sie immer an Villon denken.

Vor vollen Schüsseln muss ich Hungers sterben.

Aus dem anfänglichen Kichern wird ein Lachen.

Am heißen Ofen frier' ich mich zu Tod.

Das Lachen wird hysterisch.

Wohin ich greife fallen nichts als Scherben.

Die Bürste erreicht das kleine, wunde rote Zäpfchen

Bis zu den Zähnen geht mir schon der Kot.

Vielleicht sollte sie sich mal dabei filmen und dann das Gedicht draufsprechen ...

Könnte bei YouTube echt der Knaller werden.

Beim dritten Mal sind definitiv keine Bröckchen mehr in der sauren Suppe, die ihr entsteigt. Und langsam bekommt sie Hunger.

Obwohl sie allein in der Wohnung ist, beseitigt sie alle Spuren an sich, an den Kacheln und überhaupt, öffnet die Tür ihres kleinen Badezimmers und lächelt, als sei nichts gewesen, in die Einsamkeit.

Als sie an der Couch vorbeiläuft, presst sie die Lippen aufeinander, als könne die malträtierte, zerkuschelte Plüschente ihre immer dunkler werdenden Zähne sehen. Einen Moment zögert Sabrina, dann entscheidet sie sich gegen die Tüte Chips, die neben dem Laptop auf dem Schreibtisch auf sie zu warten scheint. Sie öffnet das zweite Schubfach von oben und holt die kleine Schachtel heraus, in der die Mullbinden und die kleinen Skalpelle liegen.

„Fortpflanzung“

„Sehe ich eine Frau, denke ich an Sex. Eigentlich denke ich das immer. Ich habe keine Ahnung, warum das so ist, aber es läßt sich kaum mit dem Fortpflanzungstrieb erklären. Nein, ich will sie haben, diese Frauen, alle wenn es geht. Und wenn es nicht soviel Arbeit machen und soviel Ärger einbringen würde, dann würde ich balzen und vögeln, bis ich tot umfalle.“

Das ist nicht etwa das Geständnis eines Triebtäters sondern in etwa die Antwort eines jeden, am aufgeklärten, freiheitlichen, unzensierten Leben beteiligten Mannes auf die Frage, wie oft er an Sex denkt. Er tut es immer, ständig und überall. Daraus erwachsen furchtbare Folgen. Denn, um diesen Gedanken entsprechende Taten folgen zu lassen, läßt der Mann des 21. Jahrhunderts einiges über sich ergehen. Er legt das merkwürdigste Balzverhalten an den Tag und läßt sich diese Sucht sehr viel kosten. Verschiedene Statussymbole, wie Autos, Bekleidung und Uhren ganz bestimmter Marken, sind da erst der Anfang. Während der wechselnd erfolgreichen Versuche, Frauen zu bestechen oder gefügig zu machen, fließen unglaubliche Summen über Theken und Verkaufstische unserer Konsumwelt.

Und Frauen achten, bewußt und unbewußt, nicht nur bei der Wahl eines Partners auf den Status der Männchen, genau wie diese sich wiederum von der Inszenierung der sekundären Geschlechtsmerkmale leiten lassen. Das tun sie nicht nur bei der Wahl ihrer PartnerIn(nen) sondern auch beim Kauf von Autos, Fruchtgummis, Internet-Flatrates, Parfüm, Hosen und all dem anderen Kram, für den man mit nichts anderem erfolgreicher wirbt als mit nackter Haut.

Dabei erlaubt es uns der allgemeine Bildungsstand, diese Mechanismen zu durchschauen. Denn wie wir alle wissen, hat der Orgasmus eine natürliche Ausschüttung von Glückshormonen zur Folge. Der Mann will seine Gene breit streuen und die Frau will die besten Gene und eine Grundversorgung ... Doch in erster Linie ist es unsere Gier nach Glück, die uns treibt. Im Weltreich des Konsums ist Sex die einzige natürliche

Möglichkeit für diese Stimulans der Lebensgeister. Denn die Menschen haben im ständigen Überfluß so ziemlich alle anderen Quellen der aufrichtigen Freude an sich selbst vergessen oder versiegen lassen. Daher verkommt die Lust seit ihrer Befreiung auch immer mehr zur Gier. Die Frage nach der Grenze dazwischen läßt sich leicht beantworten:

Lust läßt sich befriedigen, Gier dagegen nur füttern. Diese Definition funktioniert übrigens mit allen Dingen und Nichtdingen, die Sie von außen an sich heranlassen.

Mit potenzsteigernden Mitteln wurde um die Jahrtausendwende ein immer noch wachsender, milliardenschwerer Markt erschlossen. Viagra und nachfolgende Präparate sind eigentlich aus einer Nebenwirkung von Herz-Kreislauf Präparaten entwickelt worden, um Störungen im Sexualleben zu beseitigen. Doch so viele Störungen, wie damit therapiert wurden und werden, hätten wir uns nie erträumt. Fickpillen machen die Menschen im Endeffekt, auch wenn sie mitunter länger Spaß im Bett haben und immer früher damit anfangen, doch nicht zufriedener oder gar glücklicher. Die Gier kommt immer wieder und sie wird die Diskrepanz zwischen „haben" und „wollen" immer wieder herstellen.

Das Alleinsein wird unerträglich, wenn man es sich abgewöhnt hat. Ebenso wird nach exzessivem Konsum von Alkohol das Leben zur Zitterpartie, ebenso macht das Ausbleiben von beruflichem Erfolg chronisch depressiv. Und für all diese Fälle kennen wir Ersatzhandlungen und Mittelchen, die entsprechend wirken. In unserer Welt wird dosiert, manipuliert, konditioniert, motiviert, beschleunigt - und wieder eingeschläfert, als sei dies vollkommen normal. So folgt der Potenzpille für den Mann das Lustpflaster für die Frau, auf daß sie ihren Trieb dem gestählten Rammler anpaßt. In diesem Zwielicht pharmazeutischer Sternstunden für alte Säcke sonnen sich dann auch zwangsläufig immer mehr kopulierende Kinder. Man fängt mit „allem" immer früher an. Damit wird auch „alles" immer früher zum Problem.

Das Angebot für die visuelle Ersatzbefriedigung ist durch die digitale Revolution[16] *förmlich explodiert.*

16 Digitale Revolution: Die enorme Leistungssteigerung und der Preisverfall der Camcorder, was immer mehr Leute befähigt, optisch ausreichend gutes Filmmaterial zu produzieren und DSL, was Bild- und Filmtransfer via Internet kinderleicht macht.

Jedoch scheint die Nachfrage noch schneller zu wachsen. Schon allein der krebsartig wuchernde Pornomarkt zeigt, daß das Füttern der Monster sie nur noch hungriger macht, es gibt keine Befriedigung, nur eine ewige Suche nach dem Kick bei ständig steigender Dosis.

Die folgenschwerste Erscheinung aber ist die Prostitution. Ja, ich weiß, die hat es immer schon gegeben, jedoch nicht in jenem gnadenlos kommerzialisierten Ausmaßen. Wenn sich früher die Huren vor den Kneipen um die besoffenen Freier gestritten haben, sind es heute ganze Ketten, die um Marktanteile kämpfen- und das mitunter bis an die Zähne bewaffnet und mit Beziehungen in Politik und Wirtschaft. Im Grunde folgen diese Mafia-Strukturen aber nur einem allgemein bekannten Marktgesetz, nämlich dem von Angebot und Nachfrage. Der Bedarf an direkt bezahlbaren Frauen ist mittlerweile so groß, daß die Zuhälter in dieser Branche Frauen mitunter unsagbares Leid zufügen, sie unter Drogen setzen, erpressen, sie verschleppen und für den Handel mit dem Produkt Sex ganze Logistiksysteme und Kartelle aufbauen. Das Geschäft blüht immer und überall, besonders in Gegenden mit großer Armut. Für einen Fick zahlen selbst die Ärmsten der Armen hechelnd und sabbernd, was der Markt verlangt. Schuld ist nicht der Trieb und nicht die Lust, sondern die Gier, die Langeweile und der unerschütterliche Glaube, daß man sein Selbstwertgefühl aufbessern kann, wenn man seinen Schwanz irgendwo hineinsteckt oder möglichst viele beherbergt.

Das ist dieselbe Gier, die Sie auch in jede andere Abhängigkeit treibt. Wie viele Junkies auf den Strich gehen, um das Geld zusammenzubekommen, was sie täglich brauchen, so verkaufen auch Sie sich und ihre Träume für ein neues Regal, eine Couchgarnitur und die neuen AntiForm Hosen, für Bier und Zigaretten, für iPods und das allerneueste „must have", ohne das Sie als Geschlechtspartner nun mal nicht in Frage kommen oder zahlen müssen.

Sie rümpfen mitunter über illegalisierte Abhängigkeiten die Nasen, aber wer sich für Nikotin noch einmal anzieht und zur Tankstelle läuft, weil das Kleingeld alle ist, der würde sich, in anderen Lebens- und Legalitätsumständen auch dafür ausziehen.

Warming Up

„Hallo, ich ..."

„Ja, du?"

Zwei große Augen, die Benny noch nie gesehen hat, bitten um Einlass. Für einen Punk sieht sie einfach zu niedlich aus und der Rock ist definitiv zu kurz, zu kurz für ihr verkümmertes Selbstbewusstsein. Sie entspricht definitiv nicht seinem Beuteschema. Er steht ja eher auf unscheinbare, stille Wasser. Aber diese Frau irrte durch ein nach Regen dürstendes Tal der Hoffnungslosigkeit, in das sie vor einer Ewigkeit hineingeworfen wurde. Wahrscheinlich von einem Flugzeug aus, der freie Fall dauerte lang und der Aufschlag war heftig und sie hatte sich davon noch nicht erholt.

Deshalb wundert es ihn auch nicht, dass sie hier klingelte, obwohl er sie nicht kennt. Sie ist hier richtig.

Diese Wohngemeinschaft ist nichts anderes, als ein Taubenschlag für Blinde. Ein Bahnhof für die Menschen mit einer unstillbaren Sehnsucht nach Weitweitweg, die kein Ticket haben und auch keins brauchen, weil sie sowieso nur den Zügen hinterherwinken können.

„Komm rein!"

„Danke."

„Zu wem willst du?"

„Ähm ... zu Clarissa."

„Hier wohnt keine Clarissa."

„Ich weiß, aber ihr Freund wohnt hier."

„Ach so, und wie heißt der Freund?"

„Benny."

„Ähm ... ach die Claire, wann wollte die denn vorbeikommen?"

„Um zwei."

„Setz dich doch einfach in die Küche, ich muss noch ein bisschen klar Schiff machen. Wie heißt du eigentlich?"

„Alice."
„Cool, ich bin Benny."
Auf dem Weg durch den vollkommen chaotisch zugestellten Flur überlegt Alice, was an ihrem Namen so cool ist. Vielleicht sollte sie doch wieder gehen, immerhin könnte Benny ein anderer Benny sein und sie hat sich einfach in der Tür geirrt ...
Die Küche stinkt nach Bier und Essensresten und sieht aus, wie ein Schweinestall. Die Wände waren wohl mal blau und unter dem Berg aus Geschirr und Abfall kann sie die Umrisse einer Spüle entdecken. Zwischen leeren Flaschen, Papierschnipseln und dem Dreck der letzten neuneinhalb Wochen liegen auch aufgerissene Kondomverpackungen. Zu denen muss sie immer wieder hinschauen. Sie brennen sich in die Netzhaut, verursachen Herzklopfen und einen leichten Brechreiz.
Wie konnte sie sich nur zu so einem Unsinn überreden lassen. Was findet Clarissa an diesem Typen? Naja, auch wenn diese Frau ihre neue beste Freundin ist, so muss sie ja nicht auch ihren Männergeschmack teilen.
Aus dem Flur dringen planlos verursachte Geräusche und ein neuer Geruch ... ja, es riecht nach Mann, wie ihre „Mutter" es ausdrücken würde. Igitt.

Neben der Küche öffnet sich eine Tür und ein anderer Typ tappst vollkommen verschlafen auf den Flur. Er hat nur eine Unterhose an und glotzt Alice einen Moment mit geschwollenen Augen verdattert an, doch dann wird er sich seiner Morgenlatte bewusst, sagt hastig „Morgen!" und geht schnell weiter Richtung Klo.
Morgen? Es ist kurz vor halb drei!
Wo bleibt diese blöde Kuh?
Die Beklemmung steigt so plötzlich in ihr auf, dass sie froh ist, allein in der Küche zu sitzen. Sie zittert am ganzen Körper. Was ist, wenn ... Sie atmet immer schneller. Doch dann wiegt sich ihr Körper im Rhythmus ihres Herzschlags nach vorn und zurück,

erst bedächtig, dann immer heftiger. Eigentlich hatte sich Alice das schon seit Jahren abgewöhnt. Doch hier, an diesem Küchentisch hilft es ihr. Nach einer Ewigkeit, die laut der tickenden Bahnhofsuhr über der Tür zwei Minuten gedauert hat, ist sie in der Lage aufzustehen.

Plötzlich schlurfende Geräusche im Flur, wieder der nackte Mann, dann ein Lächeln in ihre Richtung. Ja, er war verlegen. Wieso? Wegen mir? Alice spürt so etwas wie Erleichterung. Dieser Typ würde sie nicht verletzen, er war selbst verletzbar, kein Machoarsch wie der andere.

Fünf Minuten später schreckte sie eine Stimme aus ihren Gedanken.

„Hi, ich bin Kurt, willst du einen Kaffee?"

Alice hatte ihn gar nicht bemerkt. „Äh, ja ...!"

Die Antwort war gar nicht nötig, da dieser Kurt schon mit zwei Tassen dampfendem Etwas vor ihr stand.

„Aber nur, wenn er nicht aus dieser Küche stammt, dein Kaffee ...", hört sie sich sagen und erschrickt vor ihrer eigenen Kühnheit.

Doch dieser Typ, der inzwischen mit einem kitschigen T-Shirt und einer Jeans bekleidet ist, lacht und meint: „Keine Angst, ich habe eine eigene Kaffeemaschine und in meinem Zimmer sieht es nicht ganz so schlimm aus ..."

„Ich bleib lieber hier ..."

Kurt runzelt die Stirn, sagt aber nichts dazu, stattdessen stellt er ihr den Kaffee auf den Tisch und setzt sich in einen der Korbstühle.

„Und wer bist du?"

„Alice, bin mit Clarissa verabredet, die wollte hier eigentlich um zwei auftauchen ..."

„Claire und Pascal kaufen wohl noch was für die Deko ein. Außerdem ist sie doch nie pünktlich. Wozu auch? Was ist schon Zeit."

Benny betritt den Raum und starrt eine Weile an die Pinnwand neben dem vergilbten Lichtschalter.

„Will jemand Pizza?"

Alice schüttelt skeptisch den Kopf, weil sie ganz sicher weiß, dass dieser Elektroherd das letzte Mal geputzt wurde, bevor irgendein Heiliger den Backofenreiniger erfand.

Kurt reibt sich den Restschlaf aus den Augen und fährt sich über die Geheimratsecken, als hätte er Kopfschmerzen.

„Ach warum eigentlich nicht? Von Giovanni?"

„Yepp, ich ruf' Claire an, die holt sie ab."

„Cool. Vegetarisch mittel. Und eine Sardellen für Pascal, der kommt auch gleich."

Alice bekommt bei der Vorstellung von einem dampfenden Pappkarton mit einem Inhalt, der diese Küche noch nie berührt hat, ganz plötzlich Hunger.

„Ja, für mich auch, eine kleine."

Benny fährt sich mit der linken Hand unter das braune T-Shirt und kratzt sich, während er mit der rechten eine Nummer in das ramponierte Telefon tippt. „OK, Veggie mittel, Veggie klein, Sardellen mittel und ich nehm ne Hawaii .... Hallo Claire ... Du was von Giovanni? ... Ok ... ich ruf da an und bestell, kannst es ja mitbringen. Ja, die ist schon hier ... Viertelstunde, ... bis denne ..."

„Fünfzehn Minuten", denkt Alice und fängt schon an, gedanklich rückwärtszuzählen. Ein Kloß formt sich in ihrem Magen und bewegt sich langsam Richtung Hals.

Man hatte sie gewarnt, vor Benny, vor Kurt und vor diesem asozialen Pack, das da in einer Wohnung haust. Nur Clarissa sagte: „Cool down, komm runter, die sind total nett."

Naja, dieser Kurt vielleicht, der war schon älter und wirkte irgendwie entrückt. Erzählt nicht viel, während Benny die beiden Telefonate wie einen Stepptanz aufführt.

Der Kaffee wärmt Alice gut durch. Ihr Gesicht wird rot und Schweißperlen bilden sich auf ihrer Stirn.

Kurt quittiert das mit einem Lächeln: „Aufgeregt?"

„Wieso?“, entgegnet Alice und muss plötzlich grinsen.

„Du kommst doch mit zur Party, oder?“

„Äh ...“

„Clarissa, Pascal, du und ich, Benny steht nicht so auf Goa.“

Alice versucht einen Moment, sich von Clarissa überrumpelt zu fühlen, doch erstaunlicher Weise gefällt ihr der fremde Gedanke an Ausgelassenheit und ein bisschen Exzess.

Bislang ging ihre Jugend spurlos an ihr vorbei, weil sie zu früh anfing. Mit 13 und mit viel zu wenig Stoff auf der Haut. Und sie hatte ein jähes, schmerzhaftes Ende gefunden. Abgefüllt, mit zerrissenem Slip auf der Rückbank eines blauen Autos. Der Typ hätte ihr Vater sein können, vielleicht war er es ja auch. Seit jener Nacht sah Alice in jedem Mann zugleich einen notgeilen Ex-Freier ihrer toten Mutter und irgendwie auch den Vater, den sie nie hatte ...

Dann Psychiatrie, Heim, Adoption und zwei Fremde, die sich abmühten, ihr zu gefallen ... Doch nichts vermochte die klaffenden Wunden in ihr zu schließen.

Was ist schon Zeit?

Als Clarissa und Pascal, beziehungsweise die Pappschachteln, die sie mitbringen, mit großem Hallo begrüßt werden, beginnt das Eis zu tauen. Klimaerwärmung inside. Alice fühlt sich wohl und wohler und alle Last der vergangen Wochen, Monate und Jahre fällt von ihr ab. Die bösen Geister der Vergangenheit fliegen davon. Ihre Angst kommt ihr jetzt so lächerlich vor und auch die dreckige Küche wirkt plötzlich gar nicht mehr so abstoßend auf sie.

Als Kurt für einen Moment in seinem Zimmer verschwindet und dann eine große Wasserpfeife hervorzaubert, erkennt sie, dass alles in Ordnung ist. Dies ist die Hölle, von der man ihr immer erzählt hatte, der Abgrund, der überall lauern sollte, wenn man seinen Träumen nachgibt oder vom Weg abkommt.

Sie kommt sich vor, wie der geschundene Ackergaul, der sich nicht mehr einspannen lässt, sie verliert endgültig den Respekt vor ihren Pflegeeltern und vor dem langweiligen, lieblosen Dasein, was sie ihr vorleben.

Als sie an der Pfeife zieht, muss sie zur großen Belustigung aller husten, bis ihr die Tränen kommen.

Dann wäre sie beinahe vom Stuhl gefallen, doch ein Mann mit dunklen Augen und einem vierarmigen Elefant auf dem T-Shirt fängt sie auf. In diesem Augenblick verliebt sich Alice in Kurt und eben dieser Kurt weiß, dass diese kleine niedliche Frau diesen einen Zug ihr ganzes Leben lang als Befreiung feiern wird, solange sie nur nicht erfährt, dass Kurt ihr mit ein paar Tropfen dazu verholfen hatte.

„Drogen“

Kaffee, Tee, Kakao, Koffein, Taurin, Guarana, Hanf, Alkohol, Nikotin, Tabak, Prozac, Ritalin, ...

Die meisten Drogen sind in den Ländern der abendländischen Kultur legal oder werden geduldet. Sie werden verordnet, besteuert und - wenn auch manchmal nur indirekt - beworben. Drogen sind Genußmittel oder Arzneien, die Substanzen enthalten, die auf das ZNS wirken. Sie können dabei stimulierend oder beruhigend wirken, vereinzelt auch halluzinierend, was aber meistens eine Folge übermäßigen Konsums ist.[17]

Jede Droge wirkt ab einer gewissen Dosis halluzinierend.

Bewußtseinserweiternd ist eine beschönigende, irreführende Umschreibung. Bewußt Sein kann man erstreben, vielleicht sogar erreichen, aber nicht erweitern. Und wenn die Welt vielleicht schon im nüchternen Zustand eine Halluzination ist, dann bringt Sie das Einschlafen nach dem Einschlafen auch nicht näher an das Erwachen.

Ob „weich“ oder „hart“, legal oder illegal - zu verdammen sind Drogen deshalb keineswegs, schon gar nicht, wie staatlich verordnet, im Endeffekt aus der Motivation heraus, das Volk einheitlich auf bestimmten Drogen zu halten. Der Mensch hat ein Recht auf Rausch und er wird für dieses, gesnau wie für seine sexuelle Befriedigung, den größten Teil seiner Kreativität, seiner Phantasie und seiner Arbeitskraft opfern.

Nicht jeder Mensch ist in der Lage, sein gesamtes Leben und sein gesamtes geistiges Potential zu nutzen. Ja, die wenigsten sind in der Lage, ihr Potential auf Dauer unbetäubt auszuhalten. Auch wenn genau dieser

17 Das Wort „Sucht“ ist nicht verwandt mit „suchen“. Es geht auf „siechen“ zurück, dem Leiden an einer Krankheit, wie auch das Wort „Seuche“. Im heutigen Sprachgebrauch ist das Adjektiv „siech“ (vergleiche auch engl. sick) nur noch selten. „Sucht“ hat früher ganz allgemein Krankheit bedeutet (Schwindsucht, Fettsucht, Gelbsucht usw.) Diese historischen Krankheitsbezeichnungen beschrieben meist nur das auffälligste Symptom. Nach heutigem Wissensstand sind diese Begriffe deshalb veraltet. Der moderne Suchtbegriff, im Sinne von Abhängigkeit, bildete sich erst im 20. Jahrhundert (Drogensucht, Nikotinsucht, Medikamentensucht). In der zweiten Hälfte des 20. Jahrhunderts wurde der Abhängigkeitsbegriff auf andere zwanghafte Ersatzhandlungen erweitert (Spielsucht, Sexsucht, Arbeitssucht, Kaufsucht, Eß-Sucht, Internetsucht).

Zustand ungefilterter Klarheit erstrebenswert ist, da er besser ist, als alle Trips und halluzinogenen Zustände dieser Welt. Es geht aber nicht um Verzicht, sondern die Dinge und Nichtdinge mit denen Sie verhaftet sind, in tiefen Zügen zu genießen. Das ist die beste Voraussetzung, sie nicht zu brauchen. Entsagung und Kasteiung haben noch nie funktioniert. Zudem gestehe ich auch den Gesellschaftsdrogen Hanf und Alkohol eine gewisse Regelfähigkeit zu, wie anderen Arzneien und Medikamenten auch.

Allerdings scheint sich bei unseren Volksdrogen fast niemand an die Dosierung zu halten. Betrachtet man die Entwicklung der Meinungen über illegale Substanzen, so geht jedem Verbot eine ebensolche kollektive Missachtung der Dosierung voraus.

Die Menschen haben auch ohne Pillen längst vergessen oder verdrängt, daß die meisten gesellschaftlich verdammten Drogen noch im 20. Jahrhundert vollkommen legal waren. LSD verschwand, weil zuviele Leute zuviel Spaß hatten. Der Name Heroin ist eine Erfindung von Bayer. Bayer-Heroin, das sich von dem heutigen illegalen Suchtmittel in nichts unterscheidet, galt als Wundermittel, wie heute Aloe Vera. Kokain veranlaßte noch vor Falco[18] einen gewissen Sigmund Freud zu Lobeshymnen und es verhalf einem Getränkehersteller zum andauernden Welterfolg einer süßen, braunen Brühe.[19] Und Hanf gilt auch heute noch als vielseitige Nutz- und Arzneipflanze.

In Zeiten frei zugänglicher Enzyklopädien ist dieses Informationsdefizit besonders traurig. Allein die Seiten über erwähnte Drogen bei Wikipedia lesen sich spannender als manch guter Krimi.

Nikotin ist dagegen heute noch ein vollkommen legales Nervengift - trotz hohem Suchtpotential. Über eine Gefäßverengung hinaus ist aber faktisch keine Wirkung zu spüren. Erlaubt war der Genuß lange Zeit ab sechzehn Jahren und auch heute sind Zigaretten praktisch frei zugänglich. Darauf hat sich eine große Wirtschaftsmacht aufgebaut. Genau wie

18 Falco: Der Popstar der 80er aus Österreich, der als einer der ersten bekannten deutschsprachigen Rapper gilt und der mit Hits wie „Jeanny“ und „Rock Me Amadeus“ berühmt wurde, allerdings auch wegen seiner Liebe zum Kokain.

19 Besagtes Getränk soll anfangs circa 8 mg Kokain pro Glas enthalten haben. Das bestreitet die Firma. Der Name stammt aber immer noch von den zwei ursprünglichen Hauptzutaten coca leaves und cola nut ...

auf den immensen Bedarf an unserer Volksdroge Nummer eins, die hochtoxisch ist und chronisch krank macht: Alkohol! Trinken darf man ihn in Deutschland ab sechzehn. Er ist im Handel frei zugänglich. In Bayern wird zudem eine Bierkultur gepflegt, die Bier im Volksmund zum Lebensmittel macht. Alkohol hat ein hohes Suchtpotential. Der Konsum steigt stetig. Das durchschnittliche Einstiegsalter sinkt.

Die umgangssprachliche Trennung „Alkohol und Drogen" ist ein gepflegter Mißstand in den Köpfen der Trinkergemeinschaft. Allein dieser Hinweis macht mich vor jedem Gesetzeshüter zu einer Person, die eine liberale Einstellung zu (illegalen) Drogen hat, also zu einem Verdächtigen. Das Wort „Drogen" ist im Sprachgebrauch gleichbedeutend mit „illegalem Suchtmittel".

Selbst Ritalin und Antidepressiva gelten nicht als „Drogen", weil sie nicht illegal sind, dabei werden diese Substanzen unsere Welt ungleich nachhaltiger verändern als alle illegalisierten Substanzen zusammen.

Der massenhafte Gebrauch des Dopaminsenkers Ritalin sagt sehr viel darüber aus, welche Anforderungen unsere Gesellschaft an ihre Mitglieder stellt: Kein Bedürfnis, keine Emotion, kein Impuls, keine Kreativität, keine Neugier. Dafür volle Konzentrationsfähigkeit auf das, was als wichtig deklariert wird. Unsere Gesellschaft braucht Roboter und Konsumenten, am besten in Personalunion.

Egal ob legal oder illegal, die Verbreitung von Drogen und ihre Akzeptanz hinter vorgehaltener Hand funktioniert weltweit nach demselben Prinzip. Illegalität verhindert nicht den Konsum, sie verschlimmert nur die Folgen.

Statt der logischen Erziehung zum Konsumverzicht wird dem Deutschen die „Methadongesellschaft" übergestülpt.[20]

Die Wohlstandsgesellschaft ist allumfassend auf Ersatzdrogen:

Zuckeraustauschstoffe, cholesterinarmes Fett, fettfreier Käse, kalorienreduzierte Wurst, koffeinarmer Kaffee, raucharme Zigaretten,

20 Methadon ist angeblich eine Art Heroin light. Es ist aber eigentlich auch nicht besser, harmloser oder verträglicher. Lediglich der Unterschied, daß es Methadon auf Rezept gibt und Heroin verboten ist, macht das eine zur Ausstiegs- und das andere zur Einstiegsdroge. Und deshalb steht dieser Name hier als Synonym für jede Form der verordneten Ersatzdroge.

fleischfreie Schnitzel, gewaltreduzierte Fernsehfilmversionen.

Der Grund dieser einzigartigen, flächendeckenden und allumfassenden Sinnestäuschung liegt im Gesetz vom ewigen Mehr. Der Markt muß wachsen und somit auch der Konsum. Also verkauft man dem Konsumenten weniger sättigende Produkte zum gleichen Preis, damit er genau so viel kauft, obwohl er satt ist. Anstatt einfach nur weniger zu essen, sollen Sie mehr zu sich nehmen oder zumindest nicht damit aufhören. Sie werden gezwungen, mit Geld, Lügen und dem Chanten der immergleichen Gebete. Das Märchen vom ewigen Wachstum ist tiefer eingegraben in unseren Betonköpfen, als der Eurasische Krieg in den Schädeln der Ozeanier in George Orwells „1984".

Das einzige, was der gemeine Endverbraucher für dieses Wachstum tun kann, ist Geldumverteilen in einem ewigen Kampf um Fressen und Gefressenwerden.

Und weil es offenbar wehtut, wenn man gefressen wird ... wie man in vielen Kinofilmen gesehen hat, stopfen wir alles in uns hinein, was man uns vorsetzt und zerfleischen diejenigen, die sich dem großen Fressen verweigern.

Mariannenplatz

Ihr Lächeln war zu gütig für diese blubbernde bunte Welt, für diesen hektischen Platz im Zentrum sanierter Mietshäuser. Sie strahlte eine beängstigende Ruhe aus. Hier, inmitten der Menschenmassen, die sich um die Stände des Flohmarktes wanden, Eis aßen, Hunde traten, Kinderwägen vor sich herschoben und sich in dem Gedränge von Trickdieben die Geldbörsen stehlen ließen. Grobmüll, alte Klamotten, hässliche Lampen, CDs, Schallplatten, vom LKW gefallene Handys und zweifelhaft teure Souvenirs erschlugen die kollektive Restvernunft.

Sie schwieg und sah mich mit hellgrünblauen Augen an, beobachtete mich lächelnd, als ich ihren Jedes-Buch-nur-ein-Euro-Bücherstapel durchforstete. Eine kleine Einführung in die Bhagwhan-Lehre erregte meine Aufmerksamkeit. Wahrscheinlich nur deshalb, weil mich der Mann auf dem Buchcover an Bin Laden erinnerte. Beim Durchblättern fragte ich mich, warum diese schöne Frau hier ihr Leben feilbot. Normalerweise sitzen an solchen Ramschplätzen der Vergangenheit Menschen, die so eine *Wir-waren-jung-aber-jetzt-brauchen-wir-Geld*-Stimmung ausdünsten.

Menschen mittleren Alters ist ihre Vergangenheit immer peinlich. An der Schwelle zur imaginären zweiten Hälfte ihres Lebens fühlen sie sich nicht mehr verarscht oder missverstanden. Sie halten sich für vernünftig, wenn sie mit einem aufgesetzten Lächeln alles über Bord werfen, was sie nicht eingekauft haben. Sie glauben ihren Eltern immer noch nicht, aber sie wissen jetzt, dass die Alten recht haben. Irgendwann ist man angekommen, zwar nicht dort, wo man wollte, aber immerhin.

Alles, was man vergessen konnte, ist vergessen, alles was man hinunterspülen konnte, ist im Klärwerk angekommen. Was übrig bleibt, sind vererbte Neurosen und antrainierte Psychosen, mit denen man sich arrangiert.

Diese Frau war anders, anders als ich, der sich dieselbe wilde Zeit schon viel früher hatte abstreifen lassen wie einen zu klein gewordenen Wintermantel. Damals, als ich meinte, dass ich mit einer Ehe und einem bürgerlichen Job ganz anders verfahren würde als der Rest meiner Generation.

Die Selbsthilfebücher, dieser Mix aus sämtlichen Ersatzreligionen, die Deutschland je heimgesucht hatten, spiegelten sich in ihrem Wesen. Sie hatte diese Bücher alle gelesen und verstanden, hatte danach gelebt und gelitten. Sie war wohl Ende vierzig und sah aus wie Mitte dreißig, trug jede Falte, jede graue Strähne mit Stolz und Würde. Wie ihren komischen Schmuck, den auch die schlichte, Anpassung und Vernunft signalisierende Kleidung nicht verdecken konnte.

Ja, sie war in den Osho-Camps gewesen und sie hatte sich befreit vom Dünkel ihrer Zeit. Doch diese Zeit verging. Und so tolerierte die dahinvegetierende Gesellschaft die ganze gelebte und geliebte Rebellion dieser schönen Frau, all ihre Überzeugungen kaputt. So wurde freie Liebe zum Ficksport, LSD zur Partydroge, Meditation zur Stressbewältigung, die Happenings zu Musikfestivals und Erleuchtung zu einer Halogenlampenmarke degradiert. Irgendwann tauschten ihre Idole das Strickzeug gegen Smartphones, das Fahrrad gegen einen VW, schaukelten in die Politik und zettelten Kriege an. Wer es dorthin nicht schaffte, verdiente mit Windrädern oder Wunderheilungen Millionen oder machte eine anthroposophische Bank auf. Auch ihre Generation wurde irgendwann zu den Eltern, vor denen sie als Kinder von den Gurus immer gewarnt wurden.

Ihre Idole waren entweder tot oder Schwerverbrecher geworden. Und so somit verkaufte auch sie alles, woran sie immer noch glaubte an diejenigen, die wieder einen Halt brauchten. An diejenigen, die von ihren Eltern mit dem SEK aus den Krishna-Tempeln befreit werden. An jene, die immer noch glauben, dass die Welt in den Sechzigern schwarzweiß war und in den Dreißigern schwarzbraun.

Ich brauchte keinen Halt mehr, dachte ich, denn ich hatte den Durchblick, dachte ich und legte das kleine Buch mit einer beinahe einstudierten Geste der Überlegenheit wieder auf den Stapel. Sie schaute mich für einen kurzen Moment traurig an, bevor ihr scheißgütiges Lächeln wieder von ihr und mir Besitz ergriff.

Dieses scheißgütige Lächeln.

Es ist wichtig, sich ein Feindbild zu gestalten, um bei meinem Job nicht verrückt zu werden. Ich mache in Inkasso, schon seit vielen Jahren. Geld eintreiben für Menschen und Firmen, die Rechnungen schreiben, bei Menschen, die nicht zahlen wollen oder nicht zahlen können. In den letzten Jahren starb die Spezies der Nichtwollenden fast gänzlich aus und die der Nichtkönnenden fühlen sich zudem immer mehr ungerecht behandelt, stülpen Taschen um, lassen Hosen runter und fangen an zu weinen. Aber Inkasso ist ein reines Provisionsgeschäft. Wenn die Opfer nicht zahlen, gehe auch ich leer aus.

Deshalb muss man sie ausquetschen.

Früher konnte man davon ausgehen, dass sie logen, wenn sie weinerlich beteuerten, nichts mehr zu besitzen. Heute weiß ich, dass immer mehr die Wahrheit sagen. Früher bin ich in überschuldete Haushalte gegangen, die vollgepfropft waren mit dem ganzen Scheiß, der den Opfern den finanziellen Ruin beschert hatte.

Doch seit einiger Zeit besuche ich vermehrt Leute, die irgendwann einmal selbst Macher waren und an irgendeiner Behörde oder einem dämlichen Gesetz scheiterten. Meine Auftraggeber sind Finanzämter, Anwälte, Anstalten die irgendwelche Rechte wahren, Behörden und mafiose Vereinigungen, die sich ungestraft als Behörden ausgeben.

Letzte Woche habe ich den ehemaligen Besitzer meiner ehemaligen Lieblingskneipe besuchen müssen und habe ihm die Wohnung leergeräumt.

Ich, sein Stammgast, ich, der Vollstrecker.

Drei Tage später ist er vom Balkon gesprungen.

Mein Chef hat mich beglückwünscht, dass ich der Verzweiflung zuvorkam und mir ein zusätzliches Betätigungsfeld eröffnet. Jetzt räume ich nicht nur Schwarzkonten und Kühlschränke leer, sondern gleich ganze Wohnungen. Schicke Menschen in die Wüste, die nicht mehr gebraucht werden, sich Kündigungen verweigern oder gegen Abrissbirnen demonstrieren. Ist zwar nicht ganz legal, aber einträglich.

Auch das Haus, in dem sie wohnt, muss saniert werden. Und einige sind dagegen. Auch diese Frau will nicht gehen.

Inzwischen stehe ich am Würstchenstand und beobachte sie beim Zusammenpacken, während sich der Flohmarkt langsam, aber sicher leert.

„Die Hütte ist faktisch leer. Wir haben ihre ganze WG gekauft, sind alle ausgezogen", instruiert mich Hektor, ein massiger, unrasierter Mensch, der mir bei dem Auftrag zur Seite stehen soll und holt ein fleckiges Papier aus seiner Jackentasche. „Nur sie hat sich einen Anwalt genommen. Hier: Marianne Kramms gegen Brenzius Bau GmbH. Du hast grünes Licht von ganz oben. No limits. Sie muss da raus, um jeden Preis." Hektor steckte mir ein Briefkuvert zu.

„Dabei ist sie so nett", murmelte ich und fing mir einen abschätzigen Blick ein.

Bei dieser Frau ist mir die Motivation echt schwergefallen, aber ihr scheißgütiges Lächeln hat mich endlich wütend gemacht! In meiner Hand wurde der Zweitschlüssel zu ihrer Wohnung warm. Blut sammelte sich zwischen meinen Beinen, als ich das Bier austrank und mich auf den Weg zu ihrer scheiß Wohnung machte.

„Konsum“

Nicht das Mittel macht Sie fertig, sondern der Konsum. Konsum und Genuß sind zwei vollkommen unterschiedliche Dinge, die sich nicht nur durch „Masse“ unterscheiden. Konsum ist ausdrücklich nicht der bloße Gebrauch oder Verbrauch von irgendetwas, er setzt Gedankenlosigkeit und unbewußtes Handeln voraus. Konsum ist der von Selbstreflexion, Willen, Bedarf und Herstellung entkoppelte Gebrauch von Dingen und Nichtdingen ... ergo der Mißbrauch.

Wir werden zum Konsum erzogen. Konsum, gleich welcher Art, ob Musik, Essen, Spiele, Filme, Fernsehen, Klingeltöne, Bier, Wein, andere Drogen, Schokolade, ... Konsum ist die Schwelle zur Sucht, ist ungesund, schädlich für innen und außen und zerstört die Persönlichkeit. Nun kann ein System, welches auf Konsum angewiesen ist, unmöglich wollen, daß die Konsumenten aussterben. Deshalb versucht es, die Gratwanderung zwischen Konsum und Sucht zu steuern.

Der Staat (be)steuert Zigaretten und Alkohol mittlerweile sehr empfindlich. Und selbst diese Ausbeutung von Abhängigen ist nur ein Beispiel für eine vollkommen alltägliche Praxis. Wenn nicht der Staat zulangt, dann die Hersteller. Nachfrage bestimmt den Preis. Und die Nachfrage von Produkten, die abhängig machen, ist relativ hoch.

Ebenso ist die Gewöhnung von Haustieren an bestimmte Futtermarken durchaus kein Zufall. Aber jenseits dieser Manipulierungen und Suchtsymptome, die ihn selbst nicht betreffen, weigert sich der Konsument, weitere Abhängigkeiten anzuerkennen sofern sie nicht lebensbedrohlich sind. Selbst jene Lebensbedrohlichkeit muß ihm erst einmal jemand bescheinigen, der einen weißen Kittel anhat.

Der Konsum, egal ob beispielsweise von Zucker, Schokolade oder Fernsehunterhaltung, funktioniert in wirtschaftlichen Dimensionen ausschließlich über eine künstliche Aufrechterhaltung eines Bedarfsgefühls. Das geschieht direkt und indirekt durch massive Werbung. Diese beginnt und endet nicht in Anzeigen und Werbespots. Das Ausmaß des künstlich gezüchteten Bedarfgefühls beim Erstweltler geht weit darüber hinaus.

Viele Dinge haben sich in Lebenswandel, Moralvorstellungen und Kultur als Selbstverständlichkeiten eingegraben. Dem Konsumenten ist zudem eine Akademiker- und Mediengläubigkeit anerzogen worden, die ihm alles fressen läßt, was ihm Wissenschaft und Fernsehen vorsetzen.

Und so haben Sie eine Uhr in jedem Zimmer, eine Kamera in jedem Telefon, ein Radio in jedem Elektrogerät, für das Sie GEMA und GEZ abdrücken. Sie brauchen alle fünf Jahre ein neues Auto mit noch sichereren Aufprallschützen, noch luftigeren Airbags und noch besseren Abgaswerten. Sie brauchen eine Seife zum Rasieren und eine für die Hände, eine fürs Gesicht und eine für die Genitalien. Sie müssen sich mehrmals am Tag duschen und die Hände waschen, wenn Sie irgendetwas berührt haben, was nicht gut sichtbar eine Unbedenklichkeitsbescheinigung vorweisen kann. Sie brauchen Drei-Phasen-Spültabletten und vierlagiges Klopapier. Unverzichtbar sind elektrische Fensterputzer, gelbe Badreiniger, blaue WC-Reiniger, weil gelbes Gel im Klo einfach blöd aussieht, automatisch dosierende Duftspender, Kaffeemaschinenentkalker, Elektro-Brotbackautomaten-Reiniger, Slips von Schießer, Turnschuhe von Nike und Hosen von Puma, Bluejeans mit künstlichen Ölflecken von Levis und aufblasbare Adidas, Maxi-CDs von Liedern, die Sie sich dann als Klingeltöne auf die Telefone mit der Kamera herunterladen, die eines Tages plötzlich keine Kabel mehr, sondern Bluetooth haben, weshalb Sie sich einen neuen PC kaufen müssen, der aber bereits nach zwei Jahren nur noch Schrottwert hat. Sie kaufen Filme, die sie bereits im Kino und als Leihvideo gesehen haben, während Sie ein Kilo aufgeblasenen, genmanipulierten Mais in sich reinstopften. Sie sammeln Bild- und Tonträger, die nach einmaligem Gebrauch ins Regal gestellt werden, wo sie verstauben, bis sich das Format und das Abspielgerät ändert. Sie brauchen braunes Zuckerwasser mit rotem Etikett, weiße Schokolade mit lila Kühen drauf, Hamburger und Big Macs, obwohl jeder weiß, daß sie speichelanregende Zutaten enthalten und das Sättigungsgefühl zunichte machen. Wir alle sind voll auf Joghurts ohne Fett, Fische ohne Gräten und Wings ohne Chicken.

Wir brauchen trinkbares Müsli, eßbare Verpackungen, abbaubare anionische Tenside in doppelsparverpackten Duschgels, einzeln eingepackte Küßchen, Dankespralinen, Süßes ohne Zucker, Fettiges, das nicht dickmacht, Scharfes, das beim Kacken nicht brennt, Schnee im Sommer und frisches Obst im Winter, Pflaumen im Frühjahr und chinesisches Gemüse mit eisenhaltigem Ökospinat[21] *in wieder verschließbaren Frischhaltebeuteln aus Recyclingfolie.*

Sie brauchen Botulinumtoxin A und Ponnyfrisuren gegen Falten, Solariennachrüstungsbausätze, Hautkrebsvorsorgeuntersuchung, Lichtschutzfaktoren, Kamanjolaminze und Liposome, batteriebetriebene Schwingkopfnaßrasierer mit vier Klingen, Tageszeitungen, denen wegen Inhaltsleere der Begriff „Zeitung" aberkannt wurde und kostenlose Anzeigenblätter, in denen Sie die alten Videos feilbieten, nachdem sie auf DVD oder Blu-ray überspielt wurden. Sie brauchen jedes Jahr einen Sommer- und einen Winterkatalog, einmal die Gelben Seiten und je ein Telefonbuch von Ihrem Land und dem Ort, in dem Sie gerade mindestens 25 Prozent Ihres Arbeitslohns für das traute Heim ausgeben, welches Sie regelmäßig mit noch platzsparenderen Regalsystemen ausstatten, die Sie mit Doppelkopfakkubohrschraubern aufstellen, um darin den Kram aufzubewahren, den Sie vom Rest gekauft haben, den Lohnnebenkosten, Ratenzahlungen und Fixausgaben übriggelassen haben.

Sie müssen gegen Hagel, Feuer, Beinbruch und Alzheimer versichert sein und eine Arbeitsuntauglichkeitszusatzrente abschließen, um die Unfallversicherung aufzustocken, die Ihren Bausparvertrag absichert.

Sie haben Bedürfnisse, die Sie gedankenlos befriedigen, bis Sie befriedigt werden müssen.

Das geht soweit, daß diejenigen, die sich für die Erwirtschaftung des dafür notwendigen Kapitals nicht prostituieren dürfen, sich lautstark beschweren. Sie bekommen zwar einen Teil von dem, was sie erarbeiten würden, einfach geschenkt. Aber sie haben weniger Geld als die anderen und vor allem mehr Zeit, es auszugeben. Anstatt dabei zu erkennen, daß außer Arbeiten und Geldausgeben sie eines jeden Sinns im Leben beraubt

---

21 Das Gerücht, daß Spinat sehr viel Eisen enthält, ist ein Überlieferungsfehler. Der Schweizer Physiologe Gustav v. Bunge hatte 1890 den Eisengehalt zwar richtig berechnet, doch bezogen sich seine 35 mg auf 100g getrockeneten Spinat und wurden später irrtümlich frischem Spinat zugeschrieben, der zu circa 90 Prozent aus Wasser besteht.

wurden, gehen sie auf die Straße, um mehr Almosen zu erbetteln oder sie werden einfach nur depressiv.

Der Wohlfahrtsstaat ist daher längerfristig nur aufrechtzuerhalten, wenn man den Arbeitslosen die künstliche Erschaffung des Bedarfsgefühls vorenthält, ergo ihnen das Fernsehen verbietet. Vielleicht ist dem Problem aber auch mit einem Arbeitslosenkanal beizukommen, indem entsprechend weniger Bedarfsgefühl geweckt wird ...

Konsum ist eine Krankheit, die sich auf genau jenen künstlich geschaffenen Bedarf aufbaut. Es ist darüber hinaus ein Irrglaube, daß der menschliche Körper nur Toleranzen zu jenen Stoffen aufbaut, für die Wissenschaftler Entzugsprogramme entwickelt haben.

Sie gewöhnen sich an alles, was Sie schädigt und wenn es das vermeintliche Wohlbefinden steigert, treibt die Gier die Dosis so weit hoch, daß sie den Menschen umbringt. Auf dem Weg dorthin schwächt sich die Wirkung ab, die Sie erzielen wollen. Je mehr Sie Ihrem Körper (und natürlich auch dem Geist) zuführen, desto geringer ist die Reaktion im Verhältnis zur Menge. Dieser eigentliche Abwehrmechanismus veranlaßt Sie, die Dosis stetig zu erhöhen, um dieselbe Wirkung zu erlangen.

Das tun Sie, wenn Sie mehr als vier Tassen Kaffee am Tag trinken. Das spüren Sie, wenn Sie plötzlich eine Palette Energizer wegschlucken können, ohne Herzrasen zu bekommen. Das sehen Sie an der Anzahl der Phasen Ihrer fluoreszierenden, Bakterien abtötenden Reinigungstabletten und natürlich an Größe, Umfang und Inhalt der Werbebotschaften, die Ihre Welt verunreinigen.

Um sich davon zu befreien, muß man sich der Werbung entziehen. Das kann durch Isolation ebenso geschehen, wie durch Bewußtwerdung, durch aktive Auseinandersetzung und die persönliche Reaktivierung des freien Willens. Es geht also nicht um Entsagung. Wer sich beim Gebrauch von Wesen und Dingen zuvor und währenddessen bewußt damit auseinandersetzt, wird selbst zu jener Erkenntnis kommen, die Tyler Durdon im Film Fightclub zu einem Helden machte: „Alles was du hast, hat irgendwann dich"[22] und „Erst nachdem wir alles verloren haben, haben wir die Freiheit, alles zu tun."

---

22 Dieser Satz funktioniert übrigens auch, wenn man haben mit hassen ersetzt.

Wem es gelingt, sich dem Konsum zu entziehen, dem eröffnet sich die bittere Wahrheit, daß unsere Gesellschaft, unser Miteinander, zu hundert Prozent aus dieser einen Aktivität besteht. Konsumieren ist in der Wohlstandsgesellschaft die einzige Handlung, der einzige Grund des Seins. Plötzlich „konsumfrei" zu sein, ist ein Schockerlebnis, vergleichbar mit dem Aufwachen des Protagonisten in dem Film „Matrix", nachdem er die richtige (oder die falsche) Pille genommen hat. Das Essen verkommt zur Farce, weil man ja eigentlich immer satt ist. Das Fernsehen wird unerträglich. Das Schnattern eines Radios im Hintergrund macht eine Konversation beim Frühstück unmöglich, ebenso beleidigt Sie plötzlich die Tatsache, daß irgendein Musikredakteur bestimmt, welches Lied Sie gerade hören! Hartz Vier ist dann nur noch eine neue Hanfsorte und das Einkaufen wird zum sinnfreien Streßerlebnis.

Die Kinderkrippen

Ich bin der Letzte meiner Art. Genau genommen sind wir noch viele, doch heute müssen meine Brüder und Schwestern für das büßen, was einst unsere Vorfahren unwissend euch antaten. Ihr habt euch verändert, nennt euch anders, als wir euch nannten. Als wolltet ihr vergessen, was damals geschehen ist. Heute redet ihr vom großen Krieg, den ihr nicht angefangen habt und den nur der fitteste survived.

Lange Zeit waren wir die Fittesten. Ja die einzigen Wesen auf dieser Erde, die denken konnten und jene Fähigkeit besaßen, Erfahrungen, Sinneseindrücke und Erlebtes zu neuen Erkenntnissen zu formen. Jedenfalls glaubten wir das, so wie ihr das heute von euch glaubt. Wir nannten das Intelligenz und offensichtlich habt ihr sie von uns bekommen. Nicht anerzogen, nicht gegeben. Und ihr habt sie euch auch nicht genommen. Ihr habt euch damit angesteckt ...

Einzig der Name unseres einst so stolzen Volkes ist erhalten geblieben. Fast. Ich bin ein Schwene, der Vertreter einer hellhäutigen, hochintelligenten Spezies, die irgendwann nach den Sauriern und vor den Menschen die Erde bevölkerte. Wir waren ... so wie ihr, eine hochentwickelte Zivilisation. Wir bauten Häuser, gingen aufrecht, aßen mit Messer und Gabel und machten uns gegenseitig das Leben schwer, wie ihr. Und wir drangsalierten die anderen Lebewesen, teils aus Unwissenheit, teils aus Neugierde.

Unsere Heere brachten immer neue Tiere und Pflanzen mit in unsere Städte, wo sie katalogisiert und kultiviert wurden.

Eines Tages, kam eine Expedition von einer Reise zurück und präsentierte dem staunenden Ältestenrat einen Käfig voller sonderbarer Wesen, die uns ähnelten und alle anatomischen Voraussetzungen für ein Leben auf zwei Beinen aufwiesen. Sie rutschten jedoch auf den Knien umher und schienen auch nicht in der Lage zu sein, ihre filigranen Gliedmaßenenden, die unseren Händen nicht unähnlich waren, für mehr als simples Fortbewegen zu benutzen. Trotz komplizierter Stimmorgane konnten diese Viecher nur eine sehr begrenzte Anzahl von Lauten von sich geben. Sie hatten äußerlich zwar alle Merkmale eines kulturfähigen Wesens, doch lebten sie eher wie Maden oder Raupen. Fressen war ihre Hauptbeschäftigung und neben Hunger schienen Schmerz und Isolation sie zu lautem Schreien zu bewegen ...

Diesem sonderbaren Wesen wurde, nach seinem Entdecker Karl-Igor Nomus-Debeling, von der Zoologiebehörde der Name KIND gegeben.

Die Kinder wurden für das Volk der Schwenen schnell ein beliebtes Haustier. Leider starben sie ziemlich früh und so mussten immer neue ihrer Art aus den fernen Landen eingeführt werden. Sie einzufangen war nicht sehr schwer, denn sie krabbelten auf allen Vieren über meist saftige Wiesen und zeigten weder Scheu noch Fluchtverhalten.

Die Zoologiebehörde ließ zahlreiche Experimente mit den Kindern durchführen. Insbesondere, um herauszufinden, wie man ihre Lebenszeit verlängern und vor allem, wie man sie züchten könnte. Kinder wiesen durchaus, wenn auch verkümmerte Geschlechtsmerkmale auf, jedoch waren die Fortpflanzungsorgane nicht funktionstüchtig. Fast schon dachte man an Zellteilung oder Verpuppung, aber auch solche Theorien hielten der Realität nicht stand.

Ein Kind starb im Einzelgehege besonders schnell.

Irgendwann fraß es einfach nicht mehr und wurde depressiv. Die Kinderhaltung wurde dennoch im Laufe der Jahre immer einfacher. Man konnte Erfahrungsberichte im Internet herunterladen, die allesamt darauf schließen ließen, dass viel Beschäftigung mit dem Kind ihm ein längeres Leben ermöglichte. Erste Erfolge waren, ihm einen Namen zu geben und es dazu zu bewegen, immer in dieselbe Ecke des Geheges zu kacken. Da sie alles Erreichbare für Essen hielten und in sich hineinstopften, begann man alles Nichtessbare von seinen Kindern fernzuhalten. Es wurden landesweite Wettbewerbe ausgeschrieben, in denen das älteste Kind ermittelt wurde und langsam verlängerten sich die Lebenszeiten unserer Lieblingsspielzeuge.

Dann geschah im Zoo unserer Hauptstadt ein Wunder!

Einer Tierpflegerin gelang es, die Kinder so lange am Leben zu halten, dass man ein Wachstum beobachten konnte. Die Schwenin war eigentlich Hebamme und durfte diesen Beruf wegen eines Alkoholproblems nicht mehr ausüben. Sie war zu dieser Arbeit im Zoo verdonnert worden. Aber sie sprach viel mit den Kindern und streichelte sie, was eigentlich streng verboten war. Denn bei exotischen Lebewesen war die Gefahr sehr groß, dass sie bissen oder man sich irgendeine Krankheit einfing. Doch ungeachtet der Infektionsgefahren, machte dieses Beispiel Schule in Schwenien. Kinder wurden betatscht und befummelt, man redete mit ihnen, wie mit seinesgleichen und nach einigen Jahren wuchsen sie, hörten auf Namen und waren stubenrein.

Es gab bereits Gerüchte, dass Kinder in Freilandhaltung über zwanzig Sonnenwenden überlebt haben sollen, als die berühmte Kindertante im Zoo der Hauptstadt das erste in Gefangenschaft gezeugte Kinderbaby auf die Welt brachte. Eine Sensation! Durch eine rechtzeitige Trennung der Kindsmutter vom Kindbaby konnte es überleben.

Die Aufzucht erwies sich dann auch einfacher als angenommen. Und so taufte man das erste Kindbaby auf den Namen Knut Adam und führte es fortan einmal in der Woche dem Publikum vor. Der Zoo zog Schwenen aus dem ganzen Land an und Knut Adam löste einen wahren Kinderboom aus. Überall im Land baute man Aufzuchtstationen, die sogenannten Kinderkrippen, in denen nun Kinder gezüchtet wurden.

Nach zehn Jahren konnte der Zoo, Knut Adam als Deckkind verleihen. Seine Ziehschwenin veröffentlichte ein Buch mit dem Titel: „Kinder, Aufzucht und Pflege". Es wurde erwartungsgemäß ein Bestseller. Auch in den Haushalten war es vollkommen normal, Kinderzimmer einzurichten, in denen nach Anleitung der zahlreichen Ratgeber neue Kinder gezüchtet wurden. Die Sterblichkeit der Kinder aus schwenischer Zucht sank schnell unter fünfzig Prozent und so wurde der Handel mit den Lieblingshaustieren der Schwenen der wichtigste Zweig der Schwenischen Wirtschaft. Die Kinderkrippen wuchsen zu modernen Großbetrieben, es begann das Zeitalter der Massenkinderhaltung. Bald schon wurden so viele Kinder in Schwenien gezüchtet, dass der Import sich nicht mehr lohnte.

Sie zu essen, war zwar immer noch nicht verboten, doch galt es plötzlich als barbarisch, diese possierlichen Haustiere zu filetieren. Ich mochte Kinder nie, sie schmeckten nicht, waren schlecht abzurichten und sie kamen mir immer suspekt vor.

Kraft meines Amtes als gewählter Herr des Landes hätte ich wohl einschreiten sollen, doch hinterher ist man immer schlauer. Meine Einwände und mein Vorschlag einer strengeren Kinderhaltungshygieneverordnung stießen auf taube Ohren. Man warf mir Kinderdiskriminierung vor und genau dieser aktenkundige Vorfall, der damals viel Wirbel in der Presse verursachte, rettete mir wohl am Ende das Leben. Selbst der Geheimdienst, der eine Gruppe Kindergegner heimlich unterstützte und so mit einer Gegenbewegung namens „Keine Macht den Trögen" der unkontrollierten Verbreitung Einhalt gebieten wollte, konnte die Katastrophe nur aufschieben, aber nicht aufhalten.

Die Regierung Schweniens wurde von der Entwicklung förmlich überrollt. Die strengen Gesetze im Umgang mit exotischen Importwesen schlossen Zuchttiere nicht mit ein, sodass in ganz Schwenien unkontrolliert gestreichelt und gekuschelt wurde.

Vereinzelte Stimmen, die zur Vorsicht mahnten, blieben unerhört. Exkursionsberichte, die von aufrecht gehenden, großen Kindermännchen und Kinderweibchen erzählten, die angeblich in den Kinderfanggebieten herumlaufen sollen, wurden als hanebüchene Verschwörungstherorien belächelt. Kinder wurden unter der Obhut der Schwenen mitunter nun 28 Sonnenwenden alt, aber kaum größer als ein jugendlicher Schwene.

Aber dann wurden die Kinder plötzlich krank und starben. Meistens kurz nachdem die sich fortgepflanzt hatten. Es gab viele Kinderkrankheiten, eigenartige Flecken auf der Haut waren sehr häufig. Aber auch eine besonders heimtückische Seuche, die den Kindern den kleinen Rüssel verstopfte, machte die Runde.

Kinderkrankheiten waren ansteckend. Wenn man die befallenen Kinder nicht sofort einschläferte, wurden nicht selten ganze Gehege befallen. Alarm schlug die Regierung erst, als die größte staatliche Kinderkrippe von der Rüsselkrankheit heimgesucht wurde und alle Kinder vorsorglich gekeult werden mussten.

Die Ökobewegung sah sich bestätigt und so entwickelte sich ein Markt für Kinder aus kontrollierter, artgerechter Haltung. Allerdings war die Züchtung in kleinen, domestizierten Kinderkrippen sehr teuer.

Und so wurden mit Pestiziden und rigiden Auflagen die Massenkinderhaltungen weiter betrieben. Die Ökoschwenen konnten ein Verbot von Kraftfutter aus Kinderresten durchsetzen. Ebenso mussten Kinder, die mit Essensabfällen gefüttert wurden, gekennzeichnet werden und waren fortan nur noch eine Kauf-Option für die schwenische Unterschicht, die sich teure Kinder einfach nicht leisten konnte.

Dennoch konnte die Rüsselkrankheit nicht gänzlich ausgerottet werden. Immer wieder gab es Epidemien in den Kinderkrippen. Doch längst war unsere Gesellschaft von den possierlichen Viechern abhängig. Einerseits waren sie die beliebtesten

Haustiere, andererseits waren sie aufgrund erstaunlicher anatomischer Parallelen unersetzliche Versuchsobjekte der schwenischen Kosmetik und Pharmaindustrie geworden. Dies galt allerdings als ein stark gehütetes Geheimnis.

Wir Regierenden wussten Bescheid und hatten große Angst, dass militante Kinderschützer die Ruhe und Ordnung im Lande störten. Deshalb schwiegen wir.

Bis sich eines Tages ein Schwene mit Symptomen der Rüsselkrankheit in ein Krankenhaus einliefern ließ. Offenbar war der Erreger mutiert und so kam, was kommen musste.

Wir Schwenen bekamen plötzlich Kinderkrankheiten.

Der Verlauf, der bei den Kindern immer zum plötzlichen Kindstod führte, war für unsere Bevölkerung viel verheerender. Die Rüsselkrankheit führte zu Rückgratverkrümmung und den Verlust der Stimme.

Viele Schwenen bekamen zudem Klumphände und Klumpfüße. Im Endstadium verhuften Arme und Beine und der Rüssel schwoll chronisch an, sodass die Kranken den geschwollenen Stimmbändern nur noch schrille, quiekende Laute entlocken konnten. Die Krankenhäuser waren überfüllt mit Schwenen, die fortan wie ihre Haustiere auf allen Vieren laufen mussten und aus Trögen fraßen.

Lange saßen wir Regierenden in unserem Bunker unter der Erde und mussten den Verfall unserer Kultur auf großen Bildschirmen mitansehen. Wir sahen Schwenen, die mit geschwollenem Rüssel verzweifelt in der Erde nach Pilzen wühlten und vollkommen verhufte, einst bildhübsche Schweninnen sich verzweifelt im Staub wälzten, weil die Stiche der Insekten, denen sie schutzlos ausgeliefert waren, so furchtbar juckten. Restaurants richteten Trogräume für ihre vierbeinigen Gäste ein und eines Tages gab es mehr vierbeinige Schwenen als gesunde ...

Ich bin der letzte aufrechte Schwene. Und ich sitze in einem

Käfig, der mal ein Kindergehege war. Ich weigere mich, wie die anderen Schwenen aus Trögen zu fressen. Und ich bin das am besten gehütete Geheimnis der Eroberer Schweniens. Die Kinder haben nämlich die Herrschaft übernommen. Seit sie keiner mehr keult und sie die Kinderkrankheiten überleben, gehen sie aufrecht, wie wir es einst taten.

Und ich denke, dass sie uns die Kinderkrippen niemals verzeihen werden.

Herdentrieb

Der Mensch ist ein entfelltes Tier,
herdenhörig und bequemlich,
gefangen zwischen Gut und Gier,
sehr oft herrisch, selten dämlich.

Schlägt sehr oft, was er verehrt,
ißt gesotten, selten roh,
ist überlebenskriegsversehrt
und wird des Lebens nicht mehr froh.

In uns Menschen ist ein instinktiver Kollektivzwang verankert, den ich gern Herdentrieb nenne. Seit der Affe von den Bäumen stieg, ist er auf eine Arbeits-, Verantwortungs- und Gewaltenteilung angewiesen. Damals zog der Affe einen unerwartet hohen Nutzen, einen entscheidenden Vorteil für jedes einzelne Mitglied seiner Gruppe aus einem ausgeprägten Sozialverhalten, das über die Beziehungen innerhalb einer Familie[23] hinausging. Das Prinzip des Regenten entspringt einem Urzustand, der sich in folgendem, frei erfundenen Szenario widerspiegelt:

Vielleicht war ausgerechnet der körperlich schwächste, der miternährt werden mußte, der nicht selbst für sich sorgen konnte, der einzige, der Feuer machen konnte. Es besteht also die berechtigte Annahme, daß der starke Affe dem schwachen Affen etwas zu essen bringt, weil der weiß, wie das mit dem Feuer geht. Hätte er es nicht getan, würde ich jetzt nicht dieses Buch schreiben können.

Nur, was würde der starke Affe machen, wenn er das Feuermachen irgendwann selbst hinbekommen würde?

Er würde den schwachen Affen weiterfüttern, aus dem Instinkt heraus, der ihm sagt, daß man ihn bestimmt noch für irgendwas gebrauchen kann. Hätte er es nicht getan, würde ich jetzt nicht dieses Buch schreiben .... Mit dieser Masche wurden wir unschlagbar- die Chefs auf Erden.

23 Familie: Lebensgemeinschaft, die sich auf Verwandtschaften gründet und mindestens zwei Generationen vereint (Kinder/ Eltern)

Nur ist das Prinzip einer Regentschaft etwas anderes, als das Sozialverhalten innerhalb eines Rudels.[24] *In einer Regentschaft, die erst durch ein ständiges Mehrprodukt innerhalb einer Gemeinschaft möglich ist, frißt der schwache Affe 80% der Beute, hat keine Ahnung vom Feuermachen und bestimmt, wie der starke Affe das Futter zu besorgen hat ... im Extremfall läßt er ihn auch gegen andere starke Affen kämpfen, wenn er sich mit den anderen Regenten streitet, die auch starke Affen haben, die für sie arbeiten. Das Ganze funktioniert aber nur, wenn der starke Affe glaubt, ein schwacher Affe zu sein ...*

Der Herdentrieb versklavt das Individuum Mensch. Andere Herden[25]*, Schwärme, ja sogar Völker in der uns umgebenden Natur scheinen ein kollektives Bewußtsein zu haben, denn sie vollbringen, mitunter ohne solche, uns eigenen Hilfsmittel, wie Gestus, Sprache und Dildos, ein uns nicht nachvollziehbares Zusammenspiel.*

Wir dagegen sind Egomanen, die nur in der Lage sind, jene Massen zu bilden, die Fußballstadien bevölkern. Wir bilden Herden ohne Hirn, wir stellen unser Sein in den Hintergrund und dienen einer asoziale Masse oder wir entblößen uns vor der Masse, um unser Ego an ihr aufzuladen.

Die Entwicklung unserer Herden bremst die Entwicklung des einzelnen. Treibende Kräfte sind Visionen einer verschwindend kleinen Anzahl von Individuen, die sich erstaunlicherweise von der Masse distanzieren. Der große Rest hat einfach nur Angst vor dem Alleinsein und glaubt, bei den anderen irgendetwas zu finden, das ihm fehlt. Individuen werden nur durch Bedürfnisse wahrgenommen. Die einzelnen definieren sich über das, was sie haben wollen und das, was sie besitzen, egal ob das Dienste, Dinge oder Darlehen sind.

In den gegenwärtigen, perfekt inszenierten Massenaufläufen ist der instinktive und inzwischen scheinbar nutzlose Herdentrieb am besten zu beobachten. War er früher einst noch mit vielfältigen konkreten Gründen

---

24 Rudel: Lebensgemeinschaft, die über verwandtschaftliche Verbindungen hinausgeht, die komplexe hierarchische, aber auch soziale Strukturen aufweist und Aufgabenteilungen ermöglicht (Wölfe, Schimpansen, Löwen)

25 Herde: Koordinierter (anonymer oder individualisierter) Sozialverband. Je größer die Anzahl der Individuen im Verbund, desto anonymer ist ihr Umgang und desto wahrscheinlicher ist eine einfache hierarchische Führung durch ein Leittier (Schafe, Pferde, Menschen auf einem Festival oder bei einer Kundgebung)

behaftet, so ist der inszenierte Massenauflauf im 21. Jahrhundert eine rituelle Tötung der Zeit. Bei allen Gründen, die ein Veranstalter heute mit einem massiven Werbeaufwand in die Köpfe seiner Opfer hämmert, sind es im Endeffekt doch Spatzen, die da mit jenen riesigen Geschützen beschossen werden. Die Konkurrenz untereinander treibt die „Events" zu immer neuen Superlativen. Doch nichts anderes als sein Instinkt, der ihm sagt, daß viele Leute da sein werden, veranlaßt das Individuum, sich der Herde anzuschließen. Völlerei und Exzeß als Grund der Zusammenkunft entfallen, da Maßlosigkeit bereits 24 Stunden am Tag von den allgegenwärtigen Massenmedien gefordert wird.

Der Rausch wird, da bei den Massenaufläufen die jeweilige Droge teuer ist, geplant, „entritualisiert" und ist längst keine Begleiterscheinung mehr. Er ist fester Bestandteil. Ein „Zudröhnen", entkoppelt vom Ereignis, beginnend in der Gruppe vor dem offenen Kofferraum. Das Schaustück, für das man zahlt ist sekundär und bedeutet eher die Ausrede, die man im Kommen der anderen sieht. Aber im Grunde ist jeder nur wegen des anderen da. Das Kollektiv schaukelt sich hoch, sackt gemeinsam ab und verschwindet wieder in seiner Lethargie.

Und doch wurzelt unser gegenwärtiges Menschsein in der kollektiven Zuwendung, die solche bizarren Blüten treiben kann, wie die Love Parade, Woodstock oder Rock Am Ring.

Ohne Gesellschaft ist eine Menschwerdung generell unmöglich. Was läuft also falsch? Um einen individuellen Nutzen aus einem Kollektiv zu ziehen, muß dieses zum einen überschaubar sein, damit der einzelne den Kontakt zu den anderen Mitgliedern bewahren kann. Wird das Kollektiv zu groß, spaltet es sich in Führer und Geführte, in Täter und Opfer und verliert seine Relevanz für das Individuum. Dieses löst sich quasi in der Masse auf. So sind in Gruppierungen ab einer bestimmten Größe Verhaltensweisen möglich, die für einen Menschen, der noch als Individuum wahrgenommen wird, undenkbar sind.

Das generell zu beobachtende Wachstum von Metropolen, einhergehend mit der Verwaisung angrenzender ländlicher Gegenden, ist jener modernen Form des Gesellschaftszwangs zuzuschreiben und gerät zunehmend außer Kontrolle.

In der emsig gehegten Utopie von einer starken Gemeinschaft ist diese imstande, Dinge zu vollbringen, die jedes beteiligte Individuum unmöglich allein bewerkstelligen könnte. Die entfesselte Masse ist für Bestandteile wie Beobachter gleichermaßen faszinierend. Wobei es egal ist, ob sie einen riesigen Karren zieht, Bäume pflanzt oder „Sieg Heil!" brüllt. Diese Energie scheint mehr zu sein als die Summe ihrer Teile.

Es ist unglaublich, was sich Menschen aufbürden, nur um Bestandteil einer Metropole oder einer Masse zu sein. Sie zahlen Unsummen, um dabei sein zu dürfen.

Stundenlang stehen sie in einer Schlange, lassen sich begrapschen und durchsuchen. Sie ziehen sich die unglaublichsten Sachen an, um ihren Stars zu huldigen, lassen sich in Hallen sperren und kaufen sich dort überteuertes Essen und Trinken. Das hat eine Qualität, die sie nichtmal ihrem Biomüll zumuten würden und dann verzehren sie das auch noch auf engstem Raum an Orten, wo sie im Einzelgehege nichtmal hinkakken würden. Und dann klatschen, schreien, hüpfen sie und glauben Meinungen derer, die auf der Bühne stehen. Und sie fühlen sich endlich als ein Teil von etwas ganz, ganz Tollem, Großem ...

Haben sie es geschafft, dazuzugehören, tun sie postwendend wiederum alles, um sich aus der Masse herauszuschälen, hervorzustechen ... Dieser Kreislauf ist irgendwann tödlich. Obwohl er eigentlich der Schlüssel zur Menschwerdung ist. Um Mensch zu werden, bedarf er umfangreicher Fürsorge um sein komplexes Wesen anzufüllen mit Wissen, Weisheit, Liebe und Demut.

Der Mensch wird Mensch im Schaffen, Schöpfen oder im Zerstören. Wird ihm das nicht beigebracht, füllt er dieses Vakuum mit bizarren Ersatzhandlungen, wie Fressen, Ficken, Fernsehen. Wobei diese Kette auch bedeuten kann, daß er mit Fressen aufhört, sich ficken läßt, damit er ins Fernsehen kommt. Die meisten jedoch bevorzugen die passive Variante, also den zügellosen Konsum von Meinungen, Informationen, Nahrung und Drogen, um die Leere zu füllen, die das Unvermögen der Elterngeneration hinterlassen hat.

Das Sozialverhalten treibt die Menschen also zusammen. Durch Wohlstand und durch die Technisierung seiner Umwelt überschreitet Mensch dabei numerisch eine Grenze, die den einzelnen paradoxer Weise an eine Gemeinschaft kettet, die ihn vereinsamen läßt, zur Nummer degradiert und so beherrschbar macht.

Nur als Gruppe kann der Mensch überleben und nur als Masse, ohne individuelle Verantwortung, ist er auf Dauer zu kontrollieren.

Und egal, ob er nun im Menschsein unterwiesen wird oder nicht ... Nur als Individuum kann der Mensch sich heiligen. Sich allein, sich selbst, niemand anderen.

Die Erhebung ist eine sehr individuelle Angelegenheit.

Wer hochgehoben wird, kommt dem Himmel kein Stück näher, er kann einfach nur tiefer fallen.

Afterhour

Das Blaulicht fegt wie ein Traktorstrahl durch die Windschutzscheibe in den Rückspiegel auf die Stirn von Dr. Raia.

Boah, ist das geil! Was für ein Blau.

Dr. Raia überlegt, was er tun soll, für einen Moment verflucht er seine Übersprungshandlung und will den Motor wieder anlassen, aber er weiß, dass er für eine Verfolgungsjagd einfach noch zu breit ist.

Hinter Pascal können sich die drei Frauen, die sie nach der Party mit eingeladen hatten, zwischen Jammern und Kichern nicht entscheiden. Auch die schnuckelige Alice, die hinter ihm sitzt oder liegt, ist noch total drauf. Und an Clarissa, die im Kofferraum pennt, will er gar nicht denken.

Die Fahrt nach Hause ist immer ein Problem, denkt Kurt Wengler, wie Dr. Raia im richtigen Leben heißt, oder im falschen, je nachdem, was man gerade eingeworfen hatte. Jedenfalls steht dieser Name in seinem Ausweis drin, den er in wenigen Minuten durch das offene Seitenfenster einem skeptischen Beamten in die Hand drücken wird.

Boah, was für ein tolles Blau.

Dr. Raia ist der Einzige, der Goa jemals in echt gesehen hat, er war dortgewesen, und ein Teil von ihm ist es wohl noch immer.

Vor fast genau 48 Stunden rauchte er seine erste Wochenendtüte. Nicht dass er an den Wochentagen sauber wäre, aber dann beschränkte sich sein Konsum auf die Wohnzimmer-Bong zum Feierabend. Am Wochenende, wenn sie mit der Deko im Kofferraum zu irgendeiner Party unterwegs waren, stieg er um auf Joints, klebte Blättchen und drehte Fertigmischungen.

Tabak verursacht zwar Krebs, aber es war in der Öffentlichkeit auf die Dauer gesünder, wenn man wenigstens so tat, als würde man etwas Legales zu sich nehmen.

Kurt Wengler schoss sich also im bürgerlichen Leben mit reinem Gras allabendlich ab, während DJ Dr. Raia an den Wochenenden eine unauffälligere Mischung aus Tabak und Selbstgepflückten bevorzugte, um sich einzustimmen.

Im Gegensatz zu seinen allesamt viel jüngeren Mitstreitern war sein Joint aber immer noch etwas Besonderes. Während seines DJ Sets trank er Wasser und egal was er sich einfuhr, er ging dafür immer in eine ruhige Ecke, setzte sich auf einen Teppich und genoss es. Das Ritual war ihm wichtig.

Wieso braucht man dann eigentlich Drogen, dachte sich Dr. Raia, bevor er seine etwas zu groß geratene Tüte lässig zwischen Zeigefinger und Mittelfinger seiner linken Hand legte, sie einmal über die Zungenspitze zog und dann schwungvoll zusammenklebte. Mittlerweile brauchte er drei von diesen Dingern gegen das Lampenfieber vor dem Auftritt und dann alle zwei Stunden irgendwas, um nicht einzuschlafen. Immer wenn Pascal ihn am DJ-Pult ablöste, ging Dr. Raia in die Chill-Out-Area und zog an zwei oder drei Bongs, die dort die Runde machten.

So verflog die Zeit wie Wasserdampf.

Der Veranstalter hatte ihn zu Beginn gefragt, was Rolling Beats seien und er konnte es ihm nicht erklären.

Jetzt könnte er sie spüren, dachte Dr. Raia, aber der kleine dicke Typ mit der Stirnglatze war gerade mit einer seiner Bedienungen im Büro verschwunden.

Goa Trance ist, wenn man es genau betrachtet, eine ziemlich komplizierte Sache. Bei 146 Beats hören die Bassdrums auf zu blubbern und beginnen zu rollen. Aber das kapiert man eben nicht, wenn man den ganzen Tag Bier trinkt, anstatt Cola mit einem Schüsschen Acid. Hat man diesen ganz speziellen Zustand erreicht, wenn die Beats zu rollen anfangen, kann man eigentlich die ganze Nacht durchtanzen. Am Ende gibt's dann zwei längere Tracks Full On auf die Hacken und dann chillt man runter.

Aber seit einiger Zeit wollen die Leute viel schnellere Beats und viel länger voll auf die Fresse, was an den Pillen und am Crystal liegt, das in den Verkaufscharts auf den Klos immer mehr die Oberhand gewinnt, seit sie in Tschechien und Polen diese Scheiße im großen Stil produzieren.

Auch Pascal zieht sich Crystal rein, was Kurt Wengler zwar „nicht ok“ findet, aber Dr. Raia durchaus verstehen kann. Denn schließlich muss der Kleine mitrauchen und trotzdem bis zur Afterhour durchhalten. Dann erst kommen die Kaputtniks an die Reihe, die nicht reden können, aber die ganze Zeit rumzappeln - und Dr. Raia tanzt noch ein paar Stunden, bevor Kurt Wengler die ganze Crew nach Hause fährt.

Aber bis dahin war es noch ein weiter Weg.

Mit oder ohne Zeit.

UV-Lampen ließen Fusseln leuchten und Pickel erblühen, die man im normalen Licht nicht sehen würde. Das blaue Licht machte Clarissa dank der fluoreszierenden Klamotten und der Fäden, die sie sich in ihre blonde Mähne eingeflochten hatte zum Alien des Abends. Sie arbeitete sich seit einer halben Stunde mit Armen und Beinen über die Tanzfläche, im Kampf mit Shiva und mit ihrer Vergangenheit.

Shiva treibt es mit Ganesha, Clarissa lächelt verkrampft und schwitzt. Elefantenrüssel werden zu riesigen Pimmeln und Clarissa kommt ein oder zwei Mal, was sie aber leider überhaupt nicht schnallt. Erst wenn das Amphetamin durch den Blutkreislauf durch ist, lässt sie ab vom Typen mit den vielen Armen und dem Elefantenkopf. Man muss vorsichtig sein mit Ganesha, denn er wird schnell böse, wenn einem bei der ganzen Hirnfickerei der Takt davonläuft.

Rhythmus ist ein heiliges Gut, sagt Ganesha. Er verleiht der Musik Kraft, gibt den Tänzern Halt. Er hurt hemmungslos herum mit Tönen, bringt sie zum Schweigen und somit zum Klingen, lässt sie stöhnen, heulen, schwingen.

Der Rhythmus liebt den Tanzenden, aber seine heimlichen

Obsessionen sind Uniformen und Militärparaden. Er geht immer wieder fremd mit der Harmonie und er fesselt den Lärm, um sich dann kraftvoll über ihn herzumachen. Der Lärm ist ein Strichjunge, er wehrt sich nicht, auch wenn er schreit und um Mitleid winselt, aber im Grunde wollen doch alle dasselbe.

Jeder Rhythmus mündet irgendwann in eine Monotonie.

Je komplizierter der Rhythmus, desto länger braucht er, um monoton zu werden. Rhythmuswechsel sind daher notwendig, jedoch gefährden sie das Zusammenspiel, sie haben das Chaos und die Zerstörung im Schlepptau und nichts kann diese zwei in ihrer hemmungslosen Wut aufhalten, außer Shiva.

Rhythmus und Monotonie sind wesentliche Bestandteile des Rituals. Das Ritual selbst lenkt immer vom Eigentlichen ab. Jedes Ritual zieht den Fokus menschlicher Aufmerksamkeit auf sich und befreit so den Geist.

Soweit die Theorie.

In der Praxis spielte Dr. Raia gerade sein letztes Set, als ihm plötzlich drei einsame Gestalten an der sich unaufhaltsam leerenden Tanzfläche auffielen. Sie standen da wie die Orgelpfeifen und schienen doch jeder auf seinem eigenen Planeten herumzuhüpfen. Der Typ mit der speckigen Jeans und einem Vogelnest auf dem Kopf, das einmal, irgendwann zwischen dem dreißigjährigen Krieg und dem Tag der Deutschen Einheit, eine Rasta-Frisur gewesen war, bewegte sich zu den blubbernden Stakkatobeats, auf die Dr. Raia gerade noch Percussions schüttete, als würde er irgendeine Ballade aus den Achtzigern hören. Aber er war im Takt, Ganesha tat ihm nichts, denn immer wenn sein Nebenmann mit federnden Knien und verzücktem Gesichtausdruck acht Schritte gemacht hatte, hob der Ex-Rastafari den rechten Fuß an und setzte ihn vier Beats später wieder auf den vibrierenden Boden.

Und neben dem barfüßigen, kurzgeschorenen Typen mit den Batikklamotten stand Pascal und sprang mit erhobenen Fäusten, wie bei einem Auswärtstor seiner Lieblingsfußballmannschaft, wenn er denn eine hätte, aus der Hocke nach oben, jubelte Dr. Raia zu, als wäre er Rammstein, vielleicht war der das ja auch, während seine zwei Beine sich auf der Tanzfläche so schnell bewegten, wie die vier von Dr. Raias Goldhamster, wenn er mal wieder eine ominöse Lieferung LSD testen musste.

Das passte Ganesha ganz und gar nicht, sein Rüssel schwoll an und er schlug zu, Pascal kippte um und blieb liegen.

Dr. Raia erschrak innerlich, also wie man eben in seinem Zustand erschrecken konnte - und er verpasste den letzten Übergang. Langsam flossen die Beats auf einem Meer verhallender Klänge, die sich aus goldenen Fanfaren ergossen hatten in Richtung der Klos, wo sie glucksend in einem Gulli verschwanden. Shiva packte Ganesha am Rüssel und zog ihn schimpfend Richtung Ausgang.

Mit einem gehörigen Sicherheitsabstand folgten Dr. Raia und seine Crew. Sie packten die Gerätschaften und das, was von der fluoreszierenden Deko übrig war ins Auto und legten den zuckenden und blubbernden Pascal obendrauf.

Dr. Raia ging noch einmal aufs Klo, trank zwei Liter Wasser auf ex und wurde für eine ganze weitere Woche endgültig wieder zu Kurt Wengler.

Inmitten des blauen pulsierenden Traktorstrahls kam einem alternden Berufsjugendlichen die rettende Idee, er riss die Fahrertür auf, zog Pascal vom Beifahrersitz am Schalthebel vorbei auf die Fahrerseite. Dann lief er so normal wie möglich in den Traktorstrahl hinein, den beiden Aliens entgegen.

Das blaue Licht hatte inzwischen seinen Golf Variant komplett umspült und vermischte sich mit dem weißen Schaum um den zuckenden Mund seines Co DJs. Von allen Insassen war Pascal derjenige, der seinen Führerschein in Zukunft am wenigsten brauchen würde.

„Wahr-Nehmung"

Glauben und Wissen sind subjektiv, nicht vermittelbar und schließen einander aus. Das, was ich weiß, kann ich erzählen und Sie können es glauben oder nicht. Was ich weiß, glaube ich nicht. Was ich glaube, weiß ich nicht. Jede Religion ist die Verlautbarung einer Vermutung. Und jede Form ihrer Dogmatisierung ist ein Verbrechen.

Eines jeden Welt dreht sich um ihn selbst. Sie ist eine nach innen gekehrte Spiegelkugel, die das Innere des Menschen reflektiert. Das Ego steht immer im Zentrum seiner Wahrnehmung. Die Summe aller Wahrnehmungen, aller Bewußtseinskerne einer Spezies, die gemeinsam ein kollektives Unbewußtes bilden, nennen wir objektive Realität. Das ist absurd, denn jede Realität besteht nur aus Unterscheidungen.

Wahrnehmung, also das, was wir für wahr nehmen, ist etwas Aktives und daher unbewußte Willkür des einzelnen und somit alles andere als objektiv.

Der Mensch hegt den Zwang einer Gesellschaft mit seinesgleichen. Er bildet ein kollektives Unterbewußtsein und einigt sich so, ohne es selbst zu merken, mit anderen seiner Art auf Regeln und Gesetze, auf Archetypen. Er plappert nach, was da in ihm widerhallt. Er plappert nach, was andere ihm erzählen. Das ist seine Wahrheit, die er für unantastbar hält. Da sie die Summe aller Wahrnehmungen ist, kann sie auch nicht von einem Individuum einfach geändert werden. Es bedarf dafür subversiver Kräfte und Ereignisse im Ausmaße globaler Katastrophen, um Realitäten zu schaffen ... Oder zumindest ein milliardenschweres Werbebudget, um genügend Individuen zu manipulieren, damit sie mit der aufgeschwatzten Realität Mehrheiten bilden können. So sehr ist das Dasein an kollektive Denkmuster gekettet.

Das, was wir Realität nennen ist nur die kollektive Bewertung eines kleinen Ausschnitts von dem, was wirklich vorhanden ist. Es gibt also etwas das WAHR IST und einen Teil davon, den wir WAHR NEHMEN. Letzteres ist ein zu vernachlässigender Teil, denn er ist durch bestimmte wahrnehmbare Größenverhältnisse begrenzt und durch die geringen Spektren, die unsere Sinne wahrnehmen können, zwischen Infrarot und Ultraviolett, zwischen 15 Hertz und 20.000 Hertz. Daß es darüber hinaus etwas gibt, weiß der Mensch. Denn er ist in der Lage, Geräte zu bauen, die jenseits der Grenzen in denen seine Sinne funktionieren, Größen messen können.

Diese Einschränkungen der Fähigkeit wahrzunehmen, sind gewissermaßen auch Schutzmechanismen, denn mein Empfinden sagt mir, daß sich unter meinen Artgenossen mehr Individuen befinden, die vom möglichen Spektrum ihrer Wahrnehmungen überfordert sind, als eingeschränkt. Das große Geheimnis, die Wahrheit, die richtige Antwort (42) und die dazugehörige Frage dürfte also nur eine zu vernachlässigende Minderheit interessieren. Der Unterschied zwischen dem, was wahr ist und dem, was man wahrnimmt, erschöpft und spiegelt sich zwischen bewußtem Sein und dem Un(ter)bewußtsein, denn alles, was jenseits der Wahrnehmung existiert, ist Bestandteil des Unbewußten, also vom jenem Teil einer jeden Persönlichkeit, dessen sie sich nicht bewußt ist.

Darüber hinaus existiert nichts.

Wenn Engel reisen*

„Hallo Alisha, hier ist Mark. Ich sitze hier gerade im Zug und mir ist langweilig. Voll nervig hier. Hast du es schon deiner Family erzählt? ... Nicht? Wenn dein Vater Stress macht, dann red ich mal mit ihm. Ok, gleich kommt ein Tunnel. Muss Schluss machen. Wir sehen uns heut abend, du geile Fotze."

Mark ist zehn. Seine Klassenkameraden brüllen gerade den ganzen Zug zusammen und bewerfen sich mit vollgerotzten Taschentüchern und mit Keksen.

Das einzige Mädchen, das die ganze Zeit keinen Mucks von sich gibt, sitzt hinter Mark. Auf der Loser-Position.

Gegenüber der Erzieherin.

Sie starrt resigniert aus dem Fenster.

Abwechselnd kaut sie auf ihren Fingernägeln oder nestelt an ihrem rot leuchtenden Pickel herum. Warum, verdammt noch mal, ist sie eigentlich die Einzige, die noch Jungfrau ist. Alle anderen haben es doch auch schon geschafft. Selbst die ranzige Nadine wurde schon rangenommen. Wenn man so früh im Leben versagt, dann kann doch nie etwas aus einem werden!

Das Gekreische und Gegröle ihrer Klassenkameraden wird unerträglich: „Fick-Sau, Fick-Sau!" Die Erzieherin stöhnt und fährt das stille Mädchen ihr gegenüber an: „Mensch Marleen, ihr könntet wirklich etwas leiser sein!"

Dann schaut die Frau mit dem verkniffenen Mund wieder entmutigt auf das an ihr vorbeiziehende öde Panorama. Im Mundwinkel zuckt es und man kann ihre Gedanken fast hören: „Ihr werdet schon noch sehen, was ihr von eurem Verhalten habt. Irgendwann wird euch einer in die Fresse schlagen. Vielleicht wird das noch ein paar Jahre dauern, aber dann kommt einer mit der Pumpgun."

Während also die Erzieherin ihren erzieherischen Gedanken

nachhängt, sitzt im Viererblock schräg gegenüber das, was Mark vor neun Jahren war. Unbeachtet von seiner siebzehnjährigen Mutter wibbelt er neben ihr auf dem Sitz herum, seine junge Oma mit dem modernen Kurzhaarschnitt liest Zeitung. Er bekommt von den überdrehten Schülern einen Keks an den Kopf geworfen, erschrickt und plötzlich schreit er ganz erbärmlich.

Seine Mutter schaut resigniert aus dem Fenster.

Ihren abgrundtiefen Überdruss konnte sie sich noch nicht einmal wegschminken. Die schwarzgemalten Augen gähnen und es ist offensichtlich, dass sie sich regelmäßig ihre Einsamkeit aus dem Leib kotzt. Hätte sie doch nur abgetrieben, aber was soll man mit einem abgebrochenen Hauptschulabschluss auch machen. Mutter von Beruf. Klang damals irgendwie einfacher.

Die Kinder grölen: „Fick-Sau, Fick-Sau."

Mark 2 schreit so laut, als müsste er seine Mutter auf einem anderen Planeten erreichen. Schafft es aber nicht.

Die Oma lässt entnervt die Zeitung sinken und wirft ihrer nutzlosen Tochter einen bösen Blick zu.

Schlampe.

Die Oma kramt in ihrer Tasche, dann füllt sie ein Nuckelfläschchen mit Cola und drückt es dem rotgebrüllten Mini-Mark in seine Patschehändchen. Er nuckelt, als ginge es um sein Leben. Wahrscheinlich ist das sogar auch so. Schließlich gibt es ja überall diese Kinderhasser, die kein Verständnis dafür haben, wenn die Kleinen mal laut sind und die ihnen am liebsten den Hals umdrehen würden. Sowas kommt sogar manchmal in der eigenen Familie vor.

Die Oma schlägt wieder ihre Bildzeitung vors Gesicht und liest ihrer Tochter entrüstet die Headline vor: Die Regierung plant, den Hartz 4 Satz für Alkohol und Zigaretten zu kürzen. Keine Reaktion. Die Tochter starrt.

Die Kinder grölen: „Fick-Sau, Fick-Sau."

Mark 2 hat seine leere Nuckelflasche dem Rentner gegenüber ans Knie geschmissen und schreit wieder.

Der Rentner mit den ständig tränenden Augen murmelt irgendwas von „Bastard" und „früher" und „Hitler" und erntet dafür einen kurzen bösen Blick von der Oma.

Das Dritte Reich, diese glückliche Zeit der Tugend und des Gehorsams, na das war noch was! Er wischt sich mit seinem Stofftaschentuch zum tausendsten Mal zuerst über die geleeartigen Augen, dann unter die tropfende Nase und dann noch mal über den schlaffen Mund. Dann wieder über die Augen, die Nase, den Mund.

Durch einen milchigen Schleier starrt er abwesend durch die zerkratzten Fensterscheiben in den Himmel.

Wenn er doch nur nicht all die Jahre in diesem Chemiewerk gearbeitet hätte, dann wäre es nun um seine Schleimhäute besser bestellt. Eigentlich wollte er ja Landschaftsgärtner werden. Aber sein Vater hatte andere Pläne. Wenn er sich gegen den aufgelehnt hätte, hätte er die Prügel nicht überlebt. Und schließlich wissen die Eltern immer, was für ihre Kinder am besten ist. Er weiß das heute bei seinen Kindern schließlich auch. Es ist also alles gut, so wie es ist. Dann wieder das Taschentuch über die Augen, die Nase, den Mund.

Mark 2 schreit immer noch wie am Spieß, die Kindergruppe singt: „Ich ficke deinen Assi-Arsch!" und der Rentner lächelt zufrieden. Gute Kinder. Die wissen schon mit zehn, was sie mit Assis zu tun haben.

Lautstark tut er seine Meinung kund: „Alle an die Wand stellen. Abschieben. Todesspritze. Zwangssterilisieren ..."

„Ich ficke deinen Assi-Arsch! Ich ficke deinen Assi-Arsch!"

„Heute haben die Kinder ein ganz anderes Vokabular. Ich versuche ja immer, ihnen einen höflichen Umgangston nahezulegen." Der Weltverbesserer im Jack-Wolfskin-Outfit redet gegen den

Lärm und auf seine hübsche Nachbarin ein. Er bemüht sich hörbar darum, dass auch alle anderen Reisenden mitbekommen, was für ein selbstloser Mensch er ist. Er ordnet sein Ego dem Wohl der Gesellschaft unter. Unter diesem Aspekt haben der Dritte-Reichs-Rentner und er viel gemeinsam und beide haben wirklich viel geleistet. „In diesem Camp, da betreue ich gewalttätig gewordene Jugendliche. Ich hab übrigens mit 1,5 abgeschlossen. So ein guter Abschluss in Sozialpädagogik ist gar nicht so einfach. Aber genau deshalb akzeptieren sie mich. Ich rede mit ihnen über ihre Probleme, wir machen Atemübungen und Yoga und so."

Die Kinder grölen wieder: „Fick-Sau, Fick-Sau."

Mark 2 schreit, der Rentner: „Alle an die Wand stellen."

Der Weltverbesserer setzt wieder ein: „Ich liebe meinen Job. Auch wenn es tragisch ist, wenn man weiß, dass 90% rückfällig werden. Aber das liegt ja natürlich nicht an mir. Die Gesellschaft versagt da einfach. Aber ich, ich leiste meinen Beitrag, und das ist ein tolles Gefühl, wenn man Menschen wirklich helfen kann ..."

Ihm klatscht ein halbes Leberwurstbrötchen auf die schöne Jack-Wolfskin-Jacke, abgefeuert von Mark dem Älteren: „Boa, Scheiße, ich wollte den Kevin treffen!"

„Kein Problem" lächelt ihm der eloquente Weltverbesserer entgegen und wendet sich an seine abwesend wirkende Sitznachbarin: „Schwieriges Alter. Das Wichtigste ist, sie so zu akzeptieren, wie sie sind." Er lächelt weiter und hofft auf irgendeine Bestätigung von ihr, irgendeine kleine Bemerkung, die ihm zeigt, dass er so akzeptiert wird, wie er ist.

Die Kinder grölen: „Fick-Sau, Fick-Sau."

Mark 2 schreit, der Rentner: „Alle an die Wand stellen."

Die hübsche Sitznachbarin schaut resigniert aus dem Fenster. Sie fragt sich, was sie noch anstellen soll, um endlich einen Job zu bekommen. Immer noch, vier Jahre nach ihrem superguten Magisterabschluss mit 1,1, zirkuliert sie unbezahlt in der Praktikumsendlosschleife.

Am Anfang hat sie einfach nur unbezahlte Überstunden gemacht, um übernommen zu werden. Nach den ersten fünf Praktika hat sie angefangen, mit den Chefs zu vögeln. Dann auch mit den Abteilungsleitern. Mittlerweile reicht es schon, wenn einer nur einen Halbtagsjob hat, damit sie die Beine breit macht. Das letzte Mal ist ihr doch tatsächlich einer vom Reinigungspersonal dazwischengerutscht. Mann, das war dann vielleicht peinlich.

Jetzt ist sie auf der Durchreise. Nach einem durchgetanztem Wochenende in das Ladenbüro ihres Chefs für die nächsten drei Monate, einem Kleinverleger, irgendwo zwischen Herzinfarkt 2 und 3. Vielleicht ist er ihre einzige Möglichkeit, vielleicht auch eine Form der Selbstdisziplin. Wo nichts zu holen ist, muss man sich auch nicht hinlegen. Und für ein ordentliches Zeugnis dürfte es bei ihm genügen, wenn sie ihm einen bläst.

Die Kinder grölen: „Fick-Sau, Fick-Sau."

Mark 2 schreit, der Rentner: „Alle an die Wand stellen."

Der Weltverbesserer: „Ich Ich Ich!"

Der Rest der Reisenden schaut resigniert aus dem Fenster.

Genau dort, dort draußen, ganz weit weg, hinter den vorbeihuschenden Büschen, da versteckt sich das stille Glück. Es ist so geräuschempfindlich, dass es sich in so etwas wie Regionalzüge gar nicht mehr hineintraut.

Ich bin in diesen Zug gestiegen, um ein Zeichen zu setzen. Mein Gürtel drückt und die Kabel scheuern unangenehm. Allah hat mich geschickt, um diese Leute zu bestrafen. Doch nichts, was ich ihnen antun könnte, käme einer Bestrafung gleich. Es wäre eine Erlösung für sie.

Also werde ich den Knopf nicht drücken. Ich kann dieser Gesellschaft nicht schaden. Nicht so. Ich, Eliza Aziza Basadi, werde sie leben lassen. Das bittere Leid wird sich durch ihre selbstgerechten Leben fressen. Das Leid liebt das Geschrei.

Ich setze meinen iPod auf, drehe die Musik etwas lauter und werde sehr ruhig. Im nächsten Bahnhof steigt das Glück ein und setzt sich neben mich.

„One Vision“

„Leitbilder sind ein Leidensquell, wenn sie diktiert werden,
ein Segen, wenn wir sie selbst malen.
Ohne Vorlagen, ohne gute Ratschläge
und ohne den Anspruch,
sie in irgendeiner Galerie auszustellen.“

Schon als Kind bekommt man immer wieder eingebleut: Fußweg oder Fuß weg und bei Rot dürfen nur Rentner über die Straße laufen. Was im Alltag durchaus lebenserhaltend sein kann, ist für den metaphorischen Lebensweg aber äußerst kontraproduktiv. Und doch werden wir von kleinauf gedrillt, die vorgegebenen Pfade nicht zu verlassen und sie nach jenen Gesetzmäßigkeiten und Intervallen zu benutzen, die sich bewährt haben. Dabei haben diesbezügliche Sprachbilder eindeutig negative Konnotationen: „Mit den Wölfen heulen“, „mit den Schafen blöken“, „mit der Herde mitlaufen“, ... sind alles Dinge, die wir Menschen tendenziell negativ bewerten. Wobei wir gern übersehen, daß die Gesellschaft genau das von uns erwartet und mitunter vehement einfordert.

Du darfst „nicht aus der Reihe tanzen“!

Menschen, die dieser Aufforderung nicht nachkommen, werden therapiert. Leider, denn der angebliche Belzebub ist kein Dämon, sondern der Teil von ihnen, den Gläubige und Ungläubige gern Seele nennen.

Therapiert wird an vielen Fronten. Kindliche Naivität, die Fähigkeit, vorbehaltlos zu träumen und Berufswünsche, wie Feuerwehrmann, Kosmonaut, Künstler oder Musiker werden dabei so lautstark verunglimpft, daß viele junge Menschen deren Verlust im Zuge des Erwachsenwerdens einfach so akzeptieren. Doch die Bieger und Brecher ähneln den Biegsamen mehr, als ihnen lieb ist. Auch sie haben Träume. Sie nennen sie Erinnerungen und trauern ihnen, wenn sie besoffen sind, lautstark hinterher. Diese bodenlose Verklärung der eigenen Jugend durch die Alten sollte den Jungen eine Warnung sein. Die alten Säcke und Säckinnen geben offen zu, daß sie mit siebzehn noch Träume hatten und irgendwann sogar mal einen „Summer of Love“ erlebt hatten.

Im Endeffekt sind sie nämlich gescheitert, weil sie ihre Träume verloren haben oder sich die Flausen austreiben ließen. Lebenserfahrung nennen sie das, ich nenne es systematische Desillusionierung. Denn alles, was der Mensch im Laufe seines Lebens ablegen muß, außer schlechten Angewohnheiten und Klamotten, die ihm nicht mehr passen, sind seine Illusionen. Und Illusionen sind nichts anderes als Dinge im Kopf, die man nicht verwirklicht hat.

Visionen sind Erscheinungen, die sich nur in ihrer subjektiven Bewertung von Halluzinationen oder Träumen unterscheiden. Es sind bildhafte, nicht reale Vorstellungen. Sehr viel Energie verschwendet der Mensch naturgemäß auf die Ursachenforschung und für den Bau von diesbezüglichen Weltanschauungen. Die einen behaupten, der Mensch könne nur Erlebtes, Gesagtes, Wahrgenommenes zu neuen Bildern verarbeiten, die anderen trauen ihm Blicke in die Zukunft zu und führen dies als Beweis für das Schicksal und das vorherbestimmte Leben an. Doch nichts von alledem ist wirklich wichtig.

In meiner Vorstellung gestaltet der Mensch sein Leben durch bewußtes Handeln. Und so, wie sich die Realität durch Wahrnehmung im Kopf manifestiert, kann sie auch nur durch eben diese Vorstellungskraft Gestalt annehmen. Formt der Mensch seine Realität nicht bewußt, übernehmen das andere. Meist sind das Menschen, die Macht ausüben. Oder er läßt sich von eigenen Angelegenheiten ablenken, indem er sich um Dinge kümmert, die ihn nichts angehen. So ist es einfacher, sich um den Sex des Nachbarn oder den von Paris Hilton zu kümmern als um den eigenen. Die Menschen verbieten, verteufeln, vergiften das, was sie nicht wollen, was sie sich nicht trauen, was sie nicht kennen, was sie anderen nicht gönnen. Menschen, die keine Träume haben, schläfern die Träumer ein oder wecken sie auf, meistens mit dem Vorschlaghammer.

Um sein Leben bewußt zu gestalten, braucht der Mensch Ziele oder Visionen. Ein Ziel ist dabei immer extern, meistens fremdbestimmt, nur ein Punkt am Horizont. Ein Ziel muß man anvisieren. Man gibt sich damit eine Richtung vor, da es ja eine räumliche und zeitliche Distanz zu überwinden gilt. Gemeint ist die vom derzeitigen Standort bis zu jenem Ort in Zeit und Raum, den man anvisiert. Eine Menge Energie geht bei der Lebensgestaltung dann verloren, weil man verständlicher Weise das Ziel nicht aus den Augen verlieren darf. Mit einem Gewehr im Anschlag kann man sich aber sehr schlecht auf den Weg konzentrieren.

Jeder kennt die Binsenweisheit, daß der Weg das Ziel ist und daß nur der Weg zählt, nicht, wer ihn geht. Jeder weiß, daß es keinen Weg zum Glück gibt, daß vielmehr das Glück der Weg selbst ist. Und jeder weiß, daß eigene Wege erst beim Gehen entstehen. Um sich auf den Weg zu konzentrieren, muß man das Ziel also zwangsläufig immer aus den Augen verlieren. Jeder Lebensweg ist also ein Irrweg oder eben eine Stolperpartie, wenn er durch Ziele bestimmt wird. Das Ziel ist zudem immer eine Vorgabe, auch wenn wir gern etwas anderes glauben wollen. Wenn daraus ein Lebensweg entsteht, ist dieser also niemals der eigene. Leider merken wir das erst, wenn sich das Ziel bewegt, wenn also der Vorgebende seine Meinung ändert.

Wie gestaltet man also sein Leben, seine Realität? Die Antwort liegt in jedem Menschen selbst. Es sind seine Visionen, also jene Bilder, die er sich selbst von seiner Zukunft malt. Das müssen keine vollständigen Abbilder der vermeintlichen Zukunft sein. Oftmals sind es Szenen oder einzelne Augenblicke, die man erleben will. Diese Bilder entstehen aus Affirmationen, aus Fragen an sich selbst, bei meditativen Tätigkeiten, im Vollrausch, beim Sex oder auch mal wie ein Blitz aus heiterem Himmel.

Eine Vision ist kein Punkt am Horizont, sondern ein Bild, das man in sich trägt. Eine Vision ist wie die Möhre an der Angel, die sich der Esel selbst vor das Maul bindet, wie ein Nachtsichtgerät, das Sie in der Dunkelheit etwas erkennen läßt. Unser digitales Zeitalter bringt gerade eine neue Generation von Bildschirmen hervor, die man sich wie eine Brille aufsetzt und mit denen man im Gehen Filme schauen kann, ohne vor einen Pfeiler zu laufen ... Und wenn der Film, den Sie dabei schauen in der Zukunft spielt, Sie dabei Regisseur, Drehbuchschreiber und Hauptdarsteller sind, dann ist das schon mal ein guter Anfang. Wichtig ist, daß man durch dieses innere Bild HINDURCH in die Welt schaut, auch wenn man sich mal nur auf das vor sich liegende Stück Weg konzentriert oder sogar eine andere Richtung einschlägt. Bewußtes Handeln und Erkenntnisstreben basieren ausschließlich auf solchen inneren Bildern.

Man muß das, was man will, immer vor Augen haben. Nur, wenn das Bild einfach da ist und man es nicht zwanghaft aufrechterhalten muß, hat man auch die Kraft, es zu manifestieren. Dann kann man seine ganze Aufmerksamkeit dem Weg widmen. Und wenn der Weg neue Erkenntnisse bereithält, kann sich das Bild von der eigenen Zukunft auch vervollständigen, neue Facetten bekommen oder sich gänzlich verwandeln.

Dieses Wissen ist sehr weit verbreitet und hat schon viele Leute steinreich gemacht. Allen voran selbsternannte Lehrer, die auf dieser Basis anderen Menschen erklären wollten, wie man sich damit ein Haus oder eine vierrädrige Penisverlängerung vom Universum herbeiwünschen kann. Das ist natürlich hanebüchener Blödsinn.

Für Bedürfnisse muß man immer noch arbeiten- oder aufs Klo. Und niemand kann sich einer vermeintlichen Versuchung entsagen, wenn er sie nicht kennengelernt hat. Auch Hesses Siddhartha ging ins Freudenhaus und wurde erst keusch, nachdem er sich die Seele aus dem Leib gevögelt hatte. Und Abhay Charan De, jener Mensch, der die Krishna-Bewegung nach Amerika und Europa brachte, war über fünfzig, Unternehmer und Familienvater, bevor er sich allen materiellen und fleischlichen Gelüsten entsagte. Auch die sogenannten Heiligen haben also ihre Erfahrungen gemacht. Deshalb sollte sich niemand seine Flausen austreiben lassen, sondern sie ausleben. Daß man dabei auch mal eine Bauchlandung hinlegt oder vielleicht sogar dabei draufgeht, gehört zum Leben dazu. No risk, no fun. Wer seine Wohnung nicht verläßt, wird nicht vom Auto überfahren. Aber vielleicht muß er dann eines Tages in seiner Biographie lesen, daß er sich beim Auswechseln einer Energiesparlampe das Genick gebrochen hat. Das ist fast genauso peinlich, wie sich nackt beim Masturbieren im Kleiderschrank zu erwürgen, wenn auch nicht ansatzweise so originell.

Wer sein Leben leben will und nicht das der anderen, sollte die vorgegebenen Wege meiden. Breitgelatschte Schneisen sind Relikte kollektiven Scheiterns und gepflasterte, betonierte Pisten führen dorthin, wo man Sie hinhaben will. Entweder zu einer Felskante oder zu einer roten Ampel, die erst dann auf Grün wechselt, wenn Sie sich das Werbeplakat darüber ordentlich durchgelesen haben.

Post Mortem

Die Tür öffnete sich. Ein Beamter betrat den kahlen Raum, legte die Stirn in Falten und schaltete ein Diktiergerät ein.

Der Anwalt hatte Steinmaier telefonisch gesagt, dass Notwehr ihm keiner glauben würde und sie deshalb auf Handlung im Affekt spekulieren würden. Er solle im Falle eines Verhörs alle Einzelheiten des Vorgangs schildern. Genau das wollte Steinmaier jetzt tun. Und er würde eines der unangetasteten Tabus in dieser Gesellschaft brechen und die Abgründe des Brief- und Güterverkehrs in das gleißende Licht der Öffentlichkeit zerren.

„Sie wissen ja nicht, was da draußen los ist."

„Herr Steinmaier, 52, selbständig, wohnhaft in Berlin, in der Bornholmer Straße, richtig?"

„Ja, aber das tut hier doch nichts zur Sache. Ich wollte doch nur ein Buch verschicken. Ich bin Verleger, wissen Sie? Und der Markt ist heißumkämpft. Wir müssen schnell sein, wenn jemand etwas bestellt. Mittlerweile verkaufen wir fast nur noch über dieses Ebay und verschicken die Sachen alle einzeln mit der ..."

Steinmaier stockt.

„ ... Post?", fragte der Beamte.

„Naja, das dachte ich auch, aber irgendwie gibt es sie nicht mehr. Die sich selbst zur Monopolnutte hochstilisierende Post verliert ja immer mehr Kunden, auch wenn sie ihr Monopol verteidigt wie Politiker und Konzernchefs ihre Unschuld - eben mit allen nur erdenklichen Mitteln."

Steinmaier atmete tief durch.

Der Polizist versuchte ernst zu bleiben.

„Wissen Sie, Herr ..."

„Beierlein, Polizeihauptmeister Beierlein."

„Wissen Sie, Kommissar Beierlein, die Transportgesellschaft

ist nicht etwa im Arsch, sie ist schon viel weiter ... Sie ist in die Latrine gefallen. Platsch! Servicewüste Deutschland? Quatsch! In einer Wüste würde es nicht so stinken. Wir leben in einem Sumpf leerer Versprechungen, in einem Dschungel grässlichster Tarife, einem Wildwuchs, der für mehrere Millionen Euro von Legionen überbezahlter Mathematiker und Ökonomen über Jahre hinweg ausgetüffelt wurde. Auf dass wirklich jeder verschissene Brief entweder einen Millimeter zu dick, ein Fitzelchen zu breit oder ein Milligrämmchen zu schwer ist, um noch für einen Tageslohn befördert zu werden. Wenn man das vorher gewusst hätte, dann wäre man selber mit dem Taxi hingefahren, um die bei Ebay vertickten Mängelexemplare bei dem Idioten abzuliefern, der sie ersteigert hat. Aber man hat ja schon ein Vielfaches der Zeit, die diese Autofahrt gedauert hätte, hier in der Schlange verbracht, sich quer durch die Automatenanbeter, in den nach Flüchtlingscamp aussehenden Wartesaal gekämpft und einmal mehr das Gefühl gehabt, sich mit Deutschlands neuer Armut um hartes Brot und Gratissuppe zu streiten und nicht um Briefmarken und einen Platz an der Waage ... Sie wissen schon, Herr Kommissar, diese eine legendäre, verfluchte Waage, bei der ein Kilo genau 996,5 Gramm sind."

Der Beamte ließ die verbale Beförderung schweigend über sich ergehen, nickte irritiert dem sich aufpumpenden Steinmaier zu und schaute etwas besorgt dessen rollenden Augen hinterher.

Steinmaier stutzte, als er merkte, dass die Anteilnahme des Beamten aufrichtig war und seufzte kurz.

„Sie wollten also einen Brief aufgeben, richtig?"

„Büchersendung, Herr äh ..."

„Beierlein, mein Name ist Beierlein."

„Eine Büchersendung, Herr Beierlein. Sieht aus wie ein Brief, ist aber keiner. Auch wenn man wie ich Vollprofi ist und mittlerweile Lunchpakete, ausreichend Getränke sowie einen Ersatzakku für das Mobiltelefon mitnimmt, so sind doch der Gang nach Canossa oder Santiago de Compostella ein Abstecher zum Spätkauf im Vergleich mit der heiligen Mission, Briefe, Päckchen und Pakete ... wie man so passend sagt ... aufzugeben ... Ja, es ist wichtig, loszulassen, die Hoffnung nicht zu verlieren und an das Gute zu glauben. Doch manchmal nützt auch ein Meditiationsleistungskurs nichts. Da verschwinden beispielsweise Büchersendungen einfach im Nirwana ... Dass sie der Postbote geklaut hat, kann man ja ausschließen. Auch wenn die gelben Streetfighter mittlerweile einen steuersubventionierten Mindestlohn bekommen, kann man relativ sicher sein, dass am Ende der Nahrungskette keiner mehr lesen kann ... Zumindest aus zeitlichen Gründen, weil ja mittlerweile ein Postbote das einstige Gebiet von vier seiner Exkollegen beackern muss und sein Wagen fast zusammenknickt, weil ich nicht der Einzige in Deutschland bin, der schon mal erschrickt, weil er zwei Kilo Scheiße pro Woche bei Ebay ersteigert und sich zugleich geschickt vor wahrer Arbeit drückt, indem er wiederum dreieinhalb Kilo Hausmüll erfolgreich in alle Welt vertickt und dann mit Post und DHL verschickt ...“

Der Beamte nickte. Deeskalation. Wichtig. Wenn Männer um die fünfzig das Reimen anfangen, ist Gefahr im Verzug.

Er blickte verstohlen zur verspiegelten Scheibe und dann wieder zu dem grauhaarigen Mann mit der beschlagenen Nickelbrille. Ein Lächeln huschte über Beierleins Gesicht. Sein Stift kratzte über das Papier.

Das Geräusch ließ Steinmaier frieren.

„Äh, dass der Logistikmarkt boomt, wissen wir jetzt, Herr Steinmaier. Kommen wir jetzt bitte zum eigentlichen Tathergang.“

„Sagte die Dame am Schalter doch zu mir, dass verbilligte Lieferungen, wie eben Büchersendungen, schon mal drei Wochen dauern können ... Drei Wochen !?! Dabei hat das Buch nur 130 Seiten, das müsste die Dame doch in drei Schichten am Schalter bequem durchlesen können. Sie hat das Kompliment aber nicht verstanden und ihren Vorgesetzten geholt und der hat mich erstmal darüber aufgeklärt, dass dieses Flüchtlingscamp eine Filiale der Postbank sei und man eben für die Post nur im Auftrage arbeiten würde. Wir haben dann meine Büchersendung irgendwie vergessen. Ich habe ihn angebrüllt. Er die Polizei angerufen, die kam aber zu spät und konnte nur noch den Tatort abriegeln. Es war alles voller Blut und die Leute schrien ... keine schöne Sache ..."

„Und Sie meinen, Sie haben angemessen reagiert, Herr Steinmaier?", fragte Beierlein kühl.

„Ich wollte das alles nicht und habe immer noch keine Ahnung, wie das alles passieren konnte."

Bei diesem Anflug von Reue zog der Beamte kurz die linke Augenbraue hoch, sagte aber nichts.

„Dabei hatte doch nur ein Buchladen per Brief ein Buch bestellt. Der Brief war datiert am Montag, kam wahrscheinlich in die Post am Dienstag und brauchte als Brief innerhalb Berlins regulär drei Tage ... also bis Freitag ... um beim Postboten anzukommen, der allerdings irgendwie herausgefunden hatte, dass wir ein Postfach haben und sich seitdem hartnäckig und dienstbeflissen weigert, Briefe, die an unsere Hausadresse gesendet werden sollen, auch in unseren Briefkasten zu werfen. Stattdessen nimmt er immer weisungemäß einen schwarzen Filzstift und schreibt mit akkurater, filigraner Schönschrift unsere Postfachnummer quer über den Umschlag, um ihn gegen Mittag, kurz nachdem die Bestückung der Postfächer abgeschlossen ist, an den Obersten Postfachbestücker zu übergeben. Dieser Missstand ist innerhalb der Post irreparabel, denn möchte man eine Postfachangelegenheit ändern und geht frohen Mutes in die entsprechende Postfiliale, wird man an den Vorgesetzten verwiesen, der einem sagt, dass dies keine Post sei, sondern eine Postbank, die nur gelegentlich für die Post arbeiten würde, wobei weder Post noch Postbank für die Postfächer zuständig seien."

„Sie reden plötzlich in der Mehrzahl. Wer ist *wir*, Herr Steinmaier?“

„Der Verlag, na ja eigentlich bin das nur ich. Und die Praktikantin, die lektoriert und Presse macht und jeden Tag putzt.“

„Aha, Sie meinen also, dass Sie ein Postfach haben und arme unterprivilegierte Studentinnen ausbeuten.“

„Wo denken Sie hin? Clarissa, also Frau Jakob, hat einen Magister. Sonst dürfte Sie bei mir nicht arbeiten.“

Beierlein verkniff sich die Frage, weshalb man Akademiker sein muss, um in einem Verlag zu putzen. Stattdessen sagte er: „Ähm, gut, Herr Steinmaier, wieder zur Sache. Der Brief aus dem Buchladen wurde also versehentlich Ihrem Postfach zugestellt.“

„Ja, wahrscheinlich gegen fünf Uhr Morgens am darauf folgenden Tag, also um fünf, am Tag fünf der Odyssee des Briefes von Berlin nach Berlin, übergab der Oberpostfachbestücker den Brief an den Unterpostfachbestücker, der ihn schwungvoll in unser, ich meine, in mein Postfach beförderte ... so gegen 11.30 Uhr, kurz nachdem ich meine Post abgeholt hatte.“

„Und deshalb haben Sie ...?“

„Nein, es kommt noch schlimmer! Erst am Montagmorgen hielt ich demzufolge den Bittbrief des Buchladens in den Händen und der Vorgang bekam eine kurzzeitige Beschleunigung. In nur vier Stunden war ich mit der frohen Botschaft im Büro, das Buch wie von Zauberhand von Frau Jakob eingetütet, transportfertig, ich reanimiert, aufgetankt und mit einem Endspurt wieder am Ende der Schlange angekommen ... Montag, 15 Uhr. Kurz bevor mein Wasservorrat zur Neige ging, rammte mir mein Hintermann seinen Ellenbogen in die Rippen, weil ich nach links Ausschau hielt, während rechts eine Praktikantin das erste Mal ihren eigenen Schalter eröffnete ... Ich war an der Reihe und gab das Buch auf.“

„Herr Steinmaier, wollen wir jetzt nicht zum eigentlichen Tathergang kommen?“

„Sie verstehen nicht, das hat doch alles damit zu tun!“, ereiferte sich Steinmaier, dessen Kopf mittlerweile die Farbe eines Feuermelders angenommen hatte. „Als drei Wochen später die Buchverkäuferin per E-Mail vorsichtig nachfragte, was denn aus ihrer Bestellung geworden sei, erfuhr ich auch, dass ihr Laden auf der anderen Seite der Straße lag, also Luftlinie ca. 150 Meter, in einer Seitengasse. Da bin ich dann einfach hingelaufen, mit einem Blumenstrauß und einem Buch mit einer rosa Schleife. Ich gab ihr meine Telefonnummer und die nette Frau vom Buchladen versprach, auch anzurufen ...“ Steinmaier hielt inne, blickte dem Beamten verzweifelt in die Augen und brach in Tränen aus. „ ... sobald ihr neuer Anschluss freigeschaltet sei. Laut Anbieter dauert das nur noch vier Wochen.“

Steinmaiers Heulkrampf mündete in einem irren Kichern. Und auch Polizeihauptmeister Beierlein konnte sich jetzt ein Grinsen nicht verkneifen.

„Ich bin also wieder ins Büro“, flüsterte Steinmaier, „wo ich mir das Teppichmesser und die alte Luger einsteckte, um für den Beschwerdegang gerüstet zu sein.“

Beierlein grinste nicht mehr. Er blickte kurz zur Tür, dann auf die Uhr und schwieg.

Sein Gegenüber schwang sich nun zu bundestagsreifen Rednerqualitäten auf: „Ich machte mich also auf den Weg, vorbei an Logistik-Francisern, die nebenbei Hundesocken oder hauptberuflich Bier verkaufen und nichtmal wissen, dass Österreich schon lange wieder dem Ausland zugeordnet wurde ...“ Steinmaier wurde Gerhard Schröder immer ähnlicher. „ ...vorbei an Telefonläden, die Ihnen eine rumänische Nummer geben, wenn Ihr Mobiltelefon kaputt ist, für das sie dann nicht zuständig sind, weil sie es ja nur im Auftrag verhökert haben ... hin zu meiner Post, der ich schon hunderte Briefe in den Rachen geworfen hatte, ohne zu wissen, dass sie nur die Postbankfiliale ist, die nebenbei für die Post arbeitet, aber nicht für die Postfachabteilung ...“

Das Schrödereske in Steinmaiers Gebaren verschwand und es schien, als würde Klaus Kinski endgültig und für alle Zeit in ihn gefahren sein.

„Wahrscheinlich öffnen sie alle Briefe und suchen nach Bargeld, was sie anlegen sollen!“, schrie er. „Ich weiß es nicht, ich weiß nur, dass mir der Kragen und dem Postbankmitarbeiter, der nur aushilfsweise für die Post tätig war, der Bauch platzte, als er die Annahme äußerte, dass mein Buch als Warenlieferung rausgegangen sein könnte, worüber er selbst als Vertreter der Post nichts sagen könne, weil das seit einiger Zeit eine ihm unbekannte Firma namens DHL übernommen hätte.“

Der Polizist schaute dem tobenden Steinmaier staunend beim Kollabieren zu und rang kurz um seine Fassung. Dann gab er sich einen Ruck und griff zum Telefon.

„Ich brauche hier ganz schnell einen Arzt.“

Steinmaier sah, wie dem Beamten Tränen der Rührung in die Augen stiegen. Er hatte offensichtlich Ähnliches erlebt.

Polizeihauptmeister Beierlein stand auf, öffnete die Tür und salutierte dem geschundenen Mann. Draußen warteten Beierleins Kollegen. Einer übergab Steinmaier die Luger, die einmal dessen Vater gehört hatte und trat wortlos zurück in das Spalier, durch das Steinmaier leicht irritiert die Polizeistation verließ.

Draußen wartete der Anwalt von Kleinverleger Steinmaier. Er entschuldigte sich, weil er beim Verhör nicht anwesend sein konnte, was daran lag, dass er für Klientenbesuche bei der Polizei nicht zuständig sei. Er habe zu spät erfahren, dass der Praktikant aus der Uni sich krank gemeldet hatte.

Wie man sich sicherlich denken kann, waren das seine letzten Worte.

Karl*

Die kleine Nina schmiss ihre neue, von Mama handgenähte Puppe in eine Ecke des kahlen Kinderzimmers. „Blödes Ding, wenn du nicht mit mir spielen willst, dann kommst du eben in die Ecke. Und wenn du dich nochmal rührst, dann schlag ich dich grün und blau! Und schau mich mit deinen blöden Knopfaugen nicht so vorwurfsvoll an. Ich habe hier das Sagen! Du dummes notgeiles Miststück!"

„Und wie geht es deiner Tochter?"

Karl schaute versonnen in sein Bierglas. Es brauchte ein bisschen, bis sich die Frage seines Kumpels durch die Windungen seines, mit Bierschaum gefüllten Hirnes geschoben hatte und endlich auf ein paar zuständige Synapsen traf. Karl nahm noch einen tiefen Zug, um auch der sich bildenden Antwort die Chance zu geben, noch einmal durch die Grammatikprüfung zu gehen.

„Weiß nicht. Corinna, die Schlampe, lässt mich nicht zu ihr. Die Spinner vom Jugendamt geben ihr auch noch recht. Die wollen, dass ich mich nicht für meine süße Tochter interessiere. Ich will doch nur wissen, wie es dem kleinen heißen Feger geht. Und da darf ich doch wohl mal anrufen. Und wenn meine Frau immer wieder auflegt, dann muss ich eben nochmal anrufen. Und wenn sie mir nicht antwortet, dann muss ich eben nochmal anrufen. Und wenn mir keiner antwortet, dann stell ich mich eben vor die Tür und warte. Und dann ruft sie die Polizei! Ich will sie doch nur noch einmal sehen, bevor ich sterbe. Die sind doch alle gegen mich. Die wollen mich fertigmachen! Einen dem Tod geweihten Mann fertigmachen!"

Karls Kumpel kratzte sich am Ohr, zog die Augenbrauen nach oben und versuchte, sein Desinteresse zu überspielen: „Das können die doch nicht machen. Du bist doch ein super fürsorglicher Vater."

Karl rülpste. „Oha Mann, mir wird gerade total schwindlig. Das ist der Tumor. Ist ja auch kein Wunder, die machen mich einfach nur krank.“ Der Stuhl machte ein kratzendes Geräusch über den Boden, Karl stand auf, taumelte durch die Kneipe und fiel über seine eigenen Füße. Er versuchte noch, sich an einem Dart-Automaten festzuhalten, schaffte es aber nicht und er landete in der Ecke.

„Der ist ja prall!“ war die einzige Reaktion seines Kumpels.

Der Wirt eilte herbei, drohte noch, dass Karl Hausverbot bekäme, wenn er ihm schon wieder auf den Boden kotzen würde, packte ihn am Schopf und schmiss ihn hochkant raus.

Am nächsten Tag wachte Karl mit einem unglaublichen Brummschädel auf.

Seit dieser Sendung auf RTL wusste er, dass er unheilbar krank ist. Dass er einen Tumor hatte. Seine Symptome waren eindeutig: jeden Tag dieser unerträgliche Durst, jeden Abend Verlust der Orientierung, jede Nacht diese Übelkeit, jeden Morgen diese unerträglichen Kopfschmerzen und diese Blackouts. Hinzu kam noch dieser seit Jahren schleichende Haarausfall. Er lief von einem Arzt zum anderen, doch keiner wollte ihm glauben. Alle rieten ihm zu irgendwelchen anonymen Selbsthilfegruppen. Er würde sterben. Sterben! Da konnte er doch nicht zu einer Selbsthilfegruppe.

„Sterben für Anfänger“ oder „Gartentipps für Ins-Grasbeißer“?! Einfach lächerlich! Keiner hörte ihm richtig zu, bei manchen Ärzten bekam er schon gar keinen Termin mehr. Er brauchte Medikamente. Oder eine OP.

Oder eine Chemotherapie.

Er musste irgendetwas tun.

Er dachte nach. Wie jeden Tag dachte er nach. Na gut, wenn ihm keiner helfen wollte, dann musste er das Ding in seinem Kopf auch heute wieder selbst bekämpfen. Und in der gewonnenen Zeit würde er noch einmal versuchen, Kontakt zu seiner

Tochter aufzunehmen. Er wusste, dass man Schimmel mit Alkohol abtöten kann und auch Bakterien gehen schließlich damit drauf. Er tapste in die Küche und schenkte sich, wie jeden Morgen ein großes Glas Wodka ein. „Auf die Gesundheit! Prost!"

Er schleppte sich wieder zurück ins Bad und stützte sich auf das lange schon nicht mehr weiße Waschbecken. Karl schaute in den Spiegel und betrachtete sein eingefallenes, graues Gesicht, in dem nur die Nase einen farbigen Kontrapunkt setzte.

Plopp!

Ein Auge kreiselte eine spiralförmige blutige Spur in Richtung Abfluss. Am Rand des Siffons blieb es liegen und glotzte ihm rotgeädert entgegen.

Karl konnte es nicht fassen! Das war sein rechtes Auge! Das war der Beweis! Der Tumor war gewachsen und brauchte jetzt mehr Platz. Jetzt würde man ihm glauben. Er packte die kleine Kugel in die Seitentasche seines grünen Bademantels und lief halbblind zurück in die Küche. Als Vorsichtsmaßnahme trank er die Wodkaflasche auf ex aus.

Nichts dem Zufall überlassen, dachte er sich noch, da fühlte er plötzlich einen unglaublichen Schlag in der Magengegend. Er schloss die Augen und sackte in sich zusammen.

In einem anderen Stadtviertel seufzte Mama Corinna vorwurfsvoll und nahm noch einen tiefen Zug von ihrer schon sehr weit heruntergebrannten Zigarette. Die Asche rieselte auf den schon lange nicht mehr gewischten Kinderzimmerboden.

Ihre Tochter, dieses dumme Miststück, ging ihr manchmal echt auf die Nerven. Sie legte die Nähanleitung und die rechtliche Belehrung für die Verwendung von Voodopuppen zur Seite und stemmte die dicken Arme in die Hüften.

„Nina, was machst du denn da. Gib mal her! Ich habe dir gesagt, du darfst deine Puppe gerne schlagen, aber du sollst ihr nichts abreißen. Jetzt muss Mama das Auge wieder annähen. Was wird bloß dein Papa dazu sagen ...?"

„Wahrheit“

Die Dinge sind.

Sie erscheinen uns in dieser Realität nur dual. Dieser Dualismus ist nur ein Aspekt von vielen. Die Polarität dessen, was wir mit unseren Sinnen erfassen, ist scheinbar und ausschließlich. Die Wahrheit bleibt uns verborgen, beziehungsweise schauen wir immer nur einen winzigen Ausschnitt, den wir als WAHR ansehen. Dieser Vorgang ist "Wahrnehmung". Wir NEHMEN an, daß es WAHR ist. Wir NEHMEN uns mit unseren Sinnen die Dinge heraus, die wir für WAHR halten (wollen). Das hat nichts mit der Wahrheit zu tun.

Wenn Sie sich beispielsweise mit Zeigefinger und Mittelfinger gleichzeitig an die Nase fassen, dann werden Sie gemäß Ihres Meinungsbildes auch eine Nase wahrnehmen. Sie müssen aber nur diese beiden Finger kreuzen und dann mit beiden Fingerspitzen gleichzeitig Ihre Nasenspitze berühren ...

Wir können die Dinge betasten, zerlegen oder anstarren. Die Wahrheit erfahren wir aber nur, wenn wir die Sinne außen vor lassen.

Ebenso, wie saubere Wäsche nicht rein sein kann, gibt es auch keine Abstufung von Wahrheit. Die reine Wahrheit ist auch nicht wahrer. Wahrheit ist nicht relativ. Sie ist wörtlich genommen, nicht von dieser Welt, denn sie ist singulär und absolut – falls es sie gibt. Sie gehört als Begriff also sprachlich und philosophisch in die selbe Kategorie, wie Gott - Liebe ... und sie bedeutet eigentlich dasselbe.

Wahrheit beginnt und endet mit dem Ursprung, mit der Geburt. Sie ist absichts- und anspruchsfrei, wie die Liebe. Nach dem Ursprung beginnt die Mutation. Unzählige materialisierte Varianten des Prinzips warten auf ihre Entdeckung und eine Erklärung. Die irdischen Erscheinungsformen sind definierbar. Wir nehmen sie wahr, filtern Gemeinsamkeiten und ziehen Schlüsse, um der Wahrheit, dem Ursprung etwas näher zu kommen. Ursprüngliches läßt sich also nur schwer, und auch dann nur unvollkommen, in Worte kleiden. Deshalb verständigt sich der Mensch in Gleichnissen und Beispielen.

Stößt die Verallgemeinerung an eine Grenze, entsteht etwas, das der Mensch Wahrheit nennt. Er neigt dazu, diese Wahrheit als unvergänglich und, ewig anzusehen, auch wenn die Grenze fallen würde. Er hält daran fest. Bis sich eine neue Wahrheit an einer neuen Grenze manifestiert und ihn zwingt, die alte als Irrtum zu erkennen. Und so sind im Wahn, niemals zu irren, unsere Lehren katechetisch[26]*, denn wir geben dem Suchenden die Fragen vor, und präsentieren ihm die Antworten.*

Der Mensch muß frei sein, um aufrichtig fragen zu können und zuallererst sich damit abfinden, keine Antwort serviert zu bekommen, denn der wesentliche Unterschied zwischen Bildung und Erkenntnis besteht im Fragen.

Bildung, also die diktierte, kontrollierte Aneignung von Wissen, gibt die Fragen vor. In Bildungssystemen liberaler, demokratischer Prägung ist dieser Zwang sehr geschickt verpackt. Der fragende Mensch bemerkt diesen Zwang nicht oder erst dann, wenn das System, das ihn bildet, ihm die Antwort schuldig bleibt und ihn dafür bestraft. Damit beginnt die Suche nach Erkenntnis. Mit Befreiung, Enttäuschung und einem kleinen Tod.

Die Suche nach Erkenntnis ist nichts weiter als die Suche der richtigen Frage. Jede Etappe ist eigentlich nur eine Präzision derselben. Schlußendlich gibt es nur wenige Fragen, auf die es eindeutige, unverrückbare Antworten gibt. Auf diese wenigen Fragen kann man alles reduzieren. Das Reduzierbare ist aber immer noch relativ. Erst am Ende der Spirale ist der Standpunkt egal. Es ist alles eins, vollkommen, zeitlos und - wahr.

Regelmäßig in seiner Entwicklung manifestierte der Mensch im Kollektiv Erklärungen für seine Existenz. Diese trieben dann ganze Heerscharen von klugen Geistern in den Freitod, machten die Fanatiker zu

26 Katechismus: Handbuch zur Unterweisung in den Grundfragen des christlichen Glaubens und christlicher Werte. Im Wort selbst steckt auch, wie dies geschieht: „katechesis“ bedeutet „von oben herab tönen“ oder auch „verzaubern“, „ergötzen“, „bewundern“. Katechistische Lehren sind starre Glaubensmuster, die man autoritär von oben nach unten diktiert. Das Ganze geschieht immer nur von „Lehrern“, die diese Gehirnwäsche selbst durchlaufen haben. Demzufolge sind Fragen und Antworten gleichermaßen vorgegeben. Nicht nur christliche Glaubensunterweisung ist darauf aufgebaut auch viele andere Religionen. Das staatliche Schulsystem in Deutschland funktioniert immer noch fast ausschließlich katechistisch. Demzufolge weiß die Mehrheit in unserer Gesellschaft gar nicht, daß es andere Methoden der Unterweisung gibt.

Massenmördern und ließen ganze Völker dem Wahnsinn anheim fallen. Sie gereichten weniger der Ordnung des Zusammenlebens, geschweige denn zur Wahrheitsfindung, als daß sie die Menschen in ihrer Torheit zu architektonischen und technischen Höchstleistungen antrieben. Jede noch so kleine Triebkraft menschlicher Entwicklung entpuppte sich bislang als eine Illusion.

Große Bauwerke fußen auf der Religiosität derer, die ihren Gott preisen wollen und auf der Gottesfurcht derer, sich die Hände schmutzig machen, aber zu allererst auf der Macht und der Grausamkeit derer, die sich für diesen Gott oder einen seiner Vertreter halten.

Alle Fragen sind gestellt und beantwortet, wenn man sich ganz an den Anfang begibt. Und diese Reise kann ich jeden Tag in mir selbst antreten. Denn in derselben Mannigfaltigkeit baue ich mir eintausend Gründe für jedes Tun und Unterlassen, obwohl es immer nur einen wahren Grund gibt. Der Rest sind Ausreden. Krankheiten und Symptome für seit Äonen immer dieselben Erscheinungen.

Wissen ist eine von Zeit und Raum abhängige Wahrheit, die immer über dem Glauben steht. Alles, was ich nicht weiß, kann ich glauben. Alles, was ich glaube, weiß ich nicht. Einen anderen Glauben gibt es nicht. Glauben und Vermuten sind ein und dasselbe. Religionen haben alle eine Gemeinsamkeit, indem sie Glauben und Vermuten trennen und anschließend Glauben über das Wissen erheben. Menschen, die jene Begriffe in eine solche Hierarchie stellen, sind religiös.

Die Voraussetzung für eine bessere Welt ist, zu akzeptieren, daß Glauben und Wissen Privatsache und individuell, also nicht vermittelbar sind. Auch Dinge, die ich weiß, kann ich lediglich erläutern und mein Gegenüber kann sie bestenfalls glauben. Und Glaubensfragen kann man diskutieren, was sehr erhellend sein kann, aber leider kein Wissen generiert. Sich wegen unterschiedlicher Vermutungen die Köpfe einzuschlagen, ist einfach nur bescheuert.

Walther PKK

Als ich erwachte, stand ich aufrecht und fror. Bis auf zwei windelähnliche Gebilde war ich nackt. Das eine war mir offensichtlich fachgerecht dort angelegt worden, wo Windeln für gewöhnlich hingehören. Einen Moment lang verspürte ich tatsächlich das Verlangen, das kuriose Utensil auszuprobieren. Doch ich schien eher ausgedörrt zu sein und nach Pinkeln war mir einfach nicht zumute.

Die obere Hälfte meines Kopfes war ebenso in weißen Stoff gehüllt. Straff saß er, der Turban. An einen Verband dachte ich zunächst nicht. Irgendetwas erschwerte mir zudem das Denken. Eine Substanz, die vielleicht für mein Einschlafen gesorgt hatte und sich nun immer noch durch meine Adern schlängelte, wenn auch in kleineren Mengen als noch vor einer Stunde, vor einem Tag, vor einer Woche ... welcher Tag ist heute? Welcher Monat, welches Jahr? Warum weiß ich das nicht, warum will ich das wissen. Wer ist überhaupt ich? Jetzt bekam ich Angst, denn mein Name war ebenso im Dunkel jenseits des Erwachens verschwunden, wie all das andere Zeug, was man Erinnerung oder Vergangenheit nennt.

Nun zeigte mein Körper, dass er doch noch über Flüssigkeit verfügte, indem er sie über sämtliche Poren zur Schau stellte. Ich glaube, so etwas nennt man Panikattacke. Das Herz begann zu pochen. Im Kopf, nicht in der Brust. Und dann fiel es mir wieder ein.

Der Moment, in dem ich aus dem Leben schied, war schon lange her und jetzt, da ich wieder daran teilnehmen durfte, überkam mich eine vage Ahnung von der Länge des Filmes, welcher mir herausgeschnitten sein musste.

Die Gewissheit, Gevatter Tod von der Schippe gesprungen zu sein, war das Erste, was sich manifestierte, dann spürten meine

Füße den kalten Fußbodenbelag und als die Rezeptoren in meiner Nase die Arbeit aufnahmen, konnte ich meinen Aufenthaltsort bestimmen. Ich war ein einem Krankenhaus. Ich hatte eine pumpende Kopfverletzung und ich durfte jetzt nicht umfallen ...

Ich riss die Augen auf, um der Umnachtung irgendwelche Schemen abzutrotzen, vergeblich. Ich hörte mich „Hilfe!“ schreien und plötzlich schnitt ein gleißender Winkel sich in meine Netzhaut. Licht! Dann kamen Gestalten auf mich zu und ich fiel in warme, nach Desinfektionsmittel riechende Hände.

Hektische Betriebsamkeit umgab mich. Und während die Gestalten in den blauen Kitteln mich auf ein Bett legten, meinen Puls maßen und irgendwelche Schläuche an mich anschlossen, begann ich mich zu erinnern. Erst war es nur ein knirschendes Geräusch, dann kamen Bilder dazu, blitzende Fotoapparate, während ich eine Rede halte, dann Bilder von schreienden Menschen. Und immer wieder die Schläge, die mich wie Blitze durchfahren. Dunkelheit.

Es ist Sonntag, Wahlsonntag, die Wahl fällt schwer, denke ich noch, als ich diese Schule betrete, in der ich meine Stimme abgeben soll. Wer brennen will, brennt aus, wer leben will, geht sterben. Die zu treffende Entscheidung ist, in einer Welt, die ihre Bewohner nur zwischen Burnout und Almosenexistenz wählen lässt, immer grausam. Auch dann noch, wenn man weiß, dass die Welten jenseits von Tod durch Arbeit oder Arbeitsamt noch grausamer sind ... Dabei könnte alles so schön sein.

Ich stelle mir eine Welt vor, die mich machen lässt, die ihren Überfluss genießt, anstatt ihn an den Meistbietenden zu verkaufen. Eine Welt, die Wissen schafft und vermittelt und die Dummheit bekämpft, anstatt vor den Bergen des Informationszeitalters eine Paranoia zu kultivieren, die verordnete kollektive Angst, es könnte ja jemand auf die Idee kommen, das Ganze toll zu finden und zu nutzen. Wer seinen Untertanen den Zugang zum Wissen nicht mehr verweigern kann, muss sie lobotomieren oder ihnen die Fähigkeit aberziehen, das Allgegenwärtige zu begreifen.

Unser Land ist da wie immer vorbildlich.

Wir schaffen unsere Sprache ab, zerschießen systematisch unser Bildungssystem. Die Regierung fährt eine Politik des Versuchenwollens und lässt ihre Schafe vergessen, dass jede noch so sinnfreie Verlautbarung aus den Mündern unserer Maden mit Personenschutz einfach nur Geld kostet, Arbeitszeit, Steuern, Kaufkraft ... Es gibt in unserem Land eine Elite von Labertaschen. Sie haben das Wort und das Megaphon, kriegen aber keinen zusammenhängenden Satz auf die Reihe. Sie werden für jeden Schiss mit dem Taxi zu einem Dixiklo gefahren ... Und am Fuße des blauen Kastens schart sich das Volk und kämpft um die dampfenden Absonderungen, im Glauben, es sei Schokolade ....

„Wir brauchen mehr Miteinander, mehr Heimatliebe oder einfach auch mehr Patriotismus. In Klassenzimmer gehören Kruzifixe und keine Kopftücher", blubberte er grinsend in die Kameras als hätte es das „Kruzifix-Urteil" des Bundesverfassungsgerichts nie gegeben. Überall in der sogenannten zivilisierten Welt streiten immer mehr Ewiggestrige für das Bekenntnis zum Christentum im öffentlichen Raum. Nun darf man in diesem Land ja bislang immer noch aussprechen, was man will.

Es könnte aber durchaus sein, dass die Angst vorm Muselmanen und die perfide Natur unserer Staatsreligion nun gemeinsame Sache machen. Schließlich steht in weiten Teilen Bayerns an jeder Ecke schon so ein Ding rum.

Ginge es also nach den selbsternannten Kreuzrittern der Lederhosenpartei, sollte man nun auch wieder die Wände von Schulen, Gerichten und Behörden mit jenem Foltersymbol pflichtvernageln, mit dem verkappte Inquisitoren für ihre Vorstellung von Nächstenliebe, für ungeschützten Geschlechtsverkehr in Afrika und eben um ihre Vormachtstellung in der weltweiten Meinungsindustrie streiten.

Die Missionare lauern überall. Haben die Paparazzi auf dem Gipfel der Meinungsmacht, ob ihrer umfangreichen Bildung und mitunter gefährlichen Intelligenz, zumindest Respekt und Achtung verdient, so sind jene penetranten Dampfplauderer, die sich hier aus dem bräunlichen Analbereich der angeblich konservativen, jedoch eindeutig reaktionären Körperschaft zu Wort melden, durchaus ein Grund, den Pranger und die öffentlichen Auspeitschungen wieder einzuführen. Jene Mittel, mit denen ihre Vorfahren im Geiste einst ihren Glauben in die Welt brannten.

Eine Religion, die sich auf einer jungfräulichen Geburt und Missionierungszwang gründet, die Menschen bis in die schlüpfrigen Details ihres Privatlebens bevormundet, kasteit und das alleinige Anrecht auf Moral einfordert. Die will allen Ernstes heute noch die Leitkultur einer hochtechnisierten, aufgeklärten, multinationalen Gesellschaft bestimmen?

Man kann diesen Zustand der Gesellschaft kritisieren, aber nicht leugnen: Wir haben den iPod, wissen, wo die Kinder herkommen und wir lassen selbst in den Hauptschulen unseren Nachwuchs multilingual aufwachsen.

Jene Gesellschaft, die zudem lautstark, ja prahlerisch behauptet, demokratisch zu sein, die nicht nur Kirche und Staat längst verbal getrennt hat, sondern auch noch, wegen eines verlorenen Krieges, dazu verpflichtet wurde, Rechtssprechung, Rechtslegung und Rechtsdurchsetzung strikt zu trennen, will also zurück ins Mittelalter? Da sich die Hehler des Glaubens nicht aus diesem Mief der Vergangenheit erheben wollen, haben sich inzwischen viele von ihnen abgewandt. Die längst schon geistig vollzogene Trennung von der Kirche wird vermehrt auch offiziell umgesetzt.

Obwohl Kirchenaustritte meistens einen finanziellen oder sexuellen Hintergrund haben, so sind sie ein verspätetes Indiz für eine Scheidung, die längst unumkehrbar ist.

Niemand glaubt den Scheiß, der von unseren muffigen Kanzeln gepredigt wird. Und jene „Werte“, die unsere Pfaffen und vermehrt auch die Politiker im Namen der Christenheit beanspruchen, sind grundlegende Selbstverständlichkeiten des Zusammenlebens.

Nächstenliebe, Achtung des Lebens, Respekt. Unantastbarkeit der Menschenwürde, Freiheit … All die ganzen Gutmenschphrasen haben nichts mit irgendeiner Religion zu tun. Und dass ich den neunundvierzigjährigen Lover meiner minderjährigen Schwester nicht einfach abmurksen darf, hat etwas mit der Gewaltenteilung in diesem Staat zu tun und nichts mit dem christlichen Glauben, dem selbst die ostgermanische Bundeskanzlerin zum Opfer gefallen ist. Dabei sind die Ostdeutschen doch alle geimpft worden …

Wo ist denn die Gleichheit und die garantierte Freiheit bei der Wahl des Glaubens, wenn man islamgläubigen Frauen ihr zugegebenermaßen dämliches Kopftuch in Schulen und öffentlichen Einrichtungen verbieten und dagegen das nicht minder bescheuerte Outfit der Nonnen weiterhin erlauben will? Wenn man die Staatsbürgerausbildungsanstalten vom Aberglauben der Religionen säubern will, sollte man um die eigenen, längst eingetrockneten und breitgelatschten Kackhaufen nicht herumwischen. Wer die Schulen von den Religionen befreit sehen möchte, sollte konsequent sein. Bei sich selbst anfangen.

Was Religion generell und das Christentum speziell mit einer angeblich notwendigen Wertevermittlung zu tun hat, ist ebenfalls sehr schleierhaft (was für ein Wort). Unsere Gesellschaft hat doch gar keine Werte! Die Rendite geht über alles. Und der Mensch bleibt auf der Strecke, wie auch die Kunst und die Kultur. Kreativität ist ebenso wenig gefragt wie Liebe oder Hingabe. Dinge, die nicht messbar sind, existieren nicht. In so einem System wollen wir uns fremdgewordenen Kindern erklären, was Gut und Böse ist - nach Maßstäben, die von wirtschaftlichen und machtpolitischen Interessen vorgegeben sind.

Das geht nun schon erstaunlich lange schief. Die minderjährigen Konsumenten sind bereits auf Jahre hin verplant. Sie sind bereits auf Hochtouren laufende Katalysatoren in der Kapitalkonzentration. Sie sind in der Lage, ohne die Anleitung überhaupt lesen zu können, eine Spielekonsole zu bedienen. Sie wissen, dass 8x4 eine Deosorte ist, aber nicht, dass es 32 ergibt. Dumme Menschen sind in der Regel, sehr leicht zu beeindrucken. Und das bekommen nun nach den Pfaffen, Musikproduzenten und Drogendealern verstärkt auch andere Leute mit.

Weder die Christenheit noch die „Gesellschaft" ist in der Lage, die selbst in Gang gesetzte Verblödung der Massen aufzuhalten. Niemand kann die Hohlräume mit Versprechen und Trost füllen.

Die Zwickmühle ist, den Menschen ein Messen am HABEN zu predigen und wegen der Gewinnmaximierung jenes HABEN, das man jahrelang als einzigen Lebenssinn vorlebt und überall anpreist, letztendlich zu verweigern. Die sich hungrig Meinenden werden sauer. Da hilft kein Kreuz und auch kein *„No sex until marriage"*.

Wie man es besser macht?

Ich persönlich bin ja fürs verbreitete Selberdenken. Darüber hinaus bin ich, was den Ewiggestrigen sicher auch gefallen würde, für Schuluniformen zu begeistern. Schon deshalb, weil die Mädels darin unglaublich hübsch aussehen, aber hauptsächlich, um dem Konsumterror und dem allseits gepredigten „Hast-du-was-bist-du-was" Einhalt zu gebieten. Allerdings müsste dies mit dem ehernen Ziel, aus den Kindern freie, gebildete, aufrechte Menschen werden zu lassen, untrennbar gekoppelt sein. Würde diese Gesellschaft aus eben solchen Menschen bestehen, dann müsste man sich über die Kleiderordnung von Lehrern und Schülern gar keine Gedanken machen. Da könnte jeder Mensch herumlaufen, wie er mag, weil er in einer Aura von begründetem Selbstbewusstsein und geheiligten inneren Werten niemanden verletzen kann, indem er sich einen Stofffetzen um den Kopf wickelt. Was soll das bitte für eine Hochkultur sein, in der man mit exhibitionistisch zur Schau gestellten Konsum-Symbolen oder 300-Euro-Turnschuhen die menschliche Würde des anderen antasten kann?

In einer heilen Gesellschaft mündiger Bürger würde Papa Ratzi als Komiker auf Welttournee gehen und für seine brüllend albernen Monologe Eintritt verlangen. Sich christlicher Moral verpflichtet meinende Politiker wären, wenn sie nicht ohnehin einer verbotenen Vereinigung angehören würden, nicht im Fernsehen, sondern stünden unrasiert und ungewaschen, mit ominösen Plakaten das Jüngste Gericht verkündend, an den Straßenkreuzungen diverser Kleinstädte.

In so einer Gesellschaft müsste man auch nicht befürchten, dass ein erwachsener Mensch sich allen Ernstes das Bild eines ans Kreuz genagelten, untereernährten Mannes an die Wand hängt. Hardcore-SM sollte auch im einundzwanzigsten Jahrhundert reine Privatsache sein und sich nicht im öffentlichen Raum abspielen.

Und Menschen, die ein Rückgrat haben, brauchen kein Kreuz.

Fassungslosigkeit meine ich in den Augen zu sehen, die mich anstarren. Ich höre die Frau in Weiß „Fünf Minuten." sagen und sehe sie den Raum verlassen. Vor der Tür stehen zwei Uniformierte mit automatischen Waffen. Die beiden Männer neben meinem Bett reden mich mit einem Namen an, den ich noch nie gehört habe. Sie zeigen mir eine Doppelseite aus der Bildzeitung, die mit fünfunddreißig Toten prahlt. Das Wort Attentat fällt und das Wort Blutbad. Sie wüssten nicht, wie es möglich gewesen sei, den Top Kandidaten, beim Fototermin während der Stimmabgabe ... im eigenen Wahlkreis ...

Sie sagen, eigentlich wäre ich schon tot gewesen und es sei ein Wunder, dass ich überhaupt wieder aufgewacht sei. Ich hätte mich sehr lange gewehrt. Sie würden morgen wiederkommen und dann würden sie wissen wollen, wem diese Walther PKK gehört und wer mein Auftraggeber ist.

Natürliche Schönheit kommt von innen*

Ich legte mein Klemmbrett mit den Notizen zur Seite.

„Wann hattest du eigentlich das letzte Mal richtig Hunger?“, fragte ich, erwartete aber keine Antwort. Sie starrte nur mit weit aufgerissen Augen an mir vorbei. Frauen wie sie darf man grundsätzlich nicht auf ihr krankhaftes Untergewicht ansprechen. Ich aber bin Mediziner, ich darf das, ohne dass sie mir gleich ins Gesicht springen. – Na gut, in den meisten Fällen können sie das eh nicht mehr. Wer erstmal dreißig Kilo erreicht hat, der macht nicht mehr viel.

Hier drinnen ist es recht kühl, während draußen die Linden blühen und die Sonne die kleinen Insektenleiber trocknet. Sie liegen haufenweise unter den duftenden Bäumen, quasi vor vollen Schüsseln verhungert. Weil der Nektar zwar schmeckt, aber nicht verdaut werden kann. Die Natur ist schon manchmal pervers. Da denkt sich die Biene: „Hey, das ist das Schlaraffenland!“ und summt fröhlich und frisst und frisst und plopp kippt sie um und ist verhungert. Und dann denkt sie nichts mehr und knirscht nur noch trocken, wenn man auf sie tritt.

Die Stille hier drin ist geradezu unerträglich. Manchmal hasse ich meinen Job. Und dann bleibt mir nichts anderes übrig, ich rede gegen dieses eisige Schweigen an.

„Also ich, ich hatte schon lange keinen richtigen Hunger mehr. Appetit, ja, aber Hunger ... Es gibt ja alles im Überfluss, ständig und überall. Irgendwie verstehe ich dich. Man isst und isst und trotzdem wird man nicht satt und zufrieden. Wie die Bienen unter den Lindenblüten. Da kann man das Essen auch gleich lassen. Aber muss man sich deswegen gleich zu Tode hungern?“

Natürlich kam keine Reaktion.

Sie starrte mit ihren glanzlosen Augen an die steril weiß getünchte Decke. Ich seufzte.

„Ich weiß schon, was du wolltest. Ein bisschen Kontrolle über dein Leben. Und das Einfachste ist, mit dem eigenen Körper anzufangen. Zuerst ein anderer Haarschnitt, dann ein paar Tattoos und dergleichen und natürlich Diäten. Jeder will sich irgendwie selbst gestalten, wenigstens in den eigenen Augen „schön" sein. Aber was du da gemacht hast, hat nichts mehr mit Schönheit zu tun. Pass mal auf. Wir sehen uns heute ja zum letzten Mal, die Therapie ist abgeschlossen. Ich gebe dir noch ein Märchen mit auf den Weg:

Es war einmal ein hässlicher König.

An sich kein großes Problem. Hässliche Männer werden umso schöner, je mehr Macht sie haben. Und so gesehen, war es ein sehr schöner König.

Trotzdem hatte er so seine Probleme mit sich, er hätte gerne besser ausgesehen und tat alles Mögliche, um der optischen Katastrophe etwas entgegenzusetzten. Peeling, Massagen, Schlammbäder, eine Lippenkorrektur, die Nase schmaler, die Brust kleiner, ein Sixpack-Implantat und eine regelmäßige Pediküre konnten das Desaster allerdings höchstens erträglicher machen. So beschloss er, zu anderen Mitteln zu greifen. Er rief seine Berater zu sich und befahl ihnen, die weisesten Leute herbeizuschaffen. Und zwar zack zack!

Die größten Wissenschaftler des Landes scharten sich alsbald um seinen Thron. Er befahl ihnen zu erforschen, aus welchem Stoff die Schönheit sei. Sie sollten sie extrahieren und ihm in einem Fläschchen kredenzen. Andernfalls würden sie alle in einem Wellnesshotel zu Tode epilliert.

In der folgenden Zeit verbrauchte der König nahezu alle Wissenschaftler seines Landes. Keiner konnte ihm das liefern, was er von ihnen verlangte.

Eines Tages klopfte ein bildhübsches Mädchen an die große Pforte und verlangte nach einer Audienz beim König.

„Mein König, das was Ihr da von Euren Untertanen fordert, ist grausam und kaum zu erfüllen. Aber ich kann Euch helfen. Ich brauche nur ein paar Wochen. In dieser Zeit möchte ich von keinem Menschen gestört werden, ich brauche lediglich viel Wasser und dann bekommt Ihr den Stoff, aus dem die Schönheit ist schüsselweise.“

Der König war hocherfreut, fast hätte er sich ein Lächeln abgerungen, wenn da nicht das viele Botox gewesen wäre. Das Mädchen wurde in ein einfaches Zimmer gebracht und dann schloss sich die schwere Tür hinter ihr.

Nach einiger Zeit hatte der König das hübsche Mädchen fast vergessen, doch dann ließ es nach dem König schicken. Er solle doch zu ihr in das Zimmer kommen. Sie sei nun fertig und habe die Schönheit extrahiert.

Der König öffnete die quietschende Tür und fast wäre er wieder rückwärts aus dem kleinen grauen Zimmer gestolpert. Es stank furchtbar. Und inmitten der großen Schüsseln, die mit etwas undefinierbar Bräunlichem gefüllt waren, saß ein hässliches, knochiges Etwas. So dreckig und abstoßend, als hätte es sich aus seinem eigenen Grab herausgeschaufelt.

Von seinem kantigen Schädel, der unnatürlich groß wirkte, hing das dünne Haar strähnig herab. Unter der bleichen, fast durchsichtigen Haut pulsierten die bläulichen Adern, als würden Insekten in großer Eile über Knochen und Sehnen huschen. Aus tiefliegenden großen Augen starrte ihm das Ding entgegen.

Mit gelblichen Fingernägeln wies es auf die Reihe von Schüsseln: „Da habt Ihr nun den Stoff, aus dem die Schönheit ist. Ich bin nun hässlich wie die Nacht, also muss alles, was einmal an Schönheit in mir war, in diesen Schüsseln sein. Ich habe keinen Tropfen verschwendet. Viel Spaß damit.“ Schwankend stand sie auf.

Sie ließ den sprachlosen König und ihre Schönheit in den Schüsseln hinter sich und trat ins Licht.

Schweigend starrte ich noch einen Moment auf den dichten Flaum um ihre dünnen, blassen Lippen. So ausdruckslos. Dann seufzte ich.

„Es tut mir wirklich leid um dich, Sabrina."

Ich drückte ihr die Augen zu, zog das weiße Laken über ihr Gesicht und machte das Licht des Kühlkellers aus.

„Seele“

Gott, die Seele und die Liebe sind eins.

Die Seele ist das Göttliche unseres Selbst und die Liebe das einzig Göttliche, daß wir hervorzubringen vermögen. Die Liebe existiert aber nur als etwas aktives. Die Liebe ist nur, wenn man liebt. Sie ist nicht, wenn man auf sie wartet und sie ist nicht, wenn man geliebt wird. Die Seele macht nicht unsere Gefühle aus. Und Gefühle sind ja nicht einmal zwingend nichtmaterieller Art. Die Seele ist aber wissenschaftlich betrachtet nicht existent, sie ist kein Organ und sie ist nirgendwo zu finden. Sie ist nicht materiell, da sind sich alle einig. Auch wenn ein paar Menschen behaupten, sie würde 21 Gramm wiegen. Deshalb ist die Seele auch etwas, was die Wissenschaft belächelt. Das einzige Mittel, das derzeit dagegen hilft, ist verzweifeltes Daranglauben. Man kann sich dabei auch auf Menschen berufen, die aus beruflichen Gründen an ihr festhalten, wie den Papst oder den Dalai Lama. Aber auch diese Leute können nichts anderes tun als hoffen.

Ein verschwindend geringer Teil der Menschen vermag sich von der Vorstellung zu lösen, daß die Seele ein Teil von uns ist. Es ist wohl umgekehrt. Ich glaube, daß unser Dasein voll und ganz mit unserer Seele einhergeht, mehr noch, daß unser winziges dreidimensionales Leben und unsere zweidimensionale Betrachtung desselben nur ein verschwindend kleiner Teil dessen ist, was wir Seele nennen.

Über die Seele läßt sich schlecht argumentieren. Sie ist schlicht ein Begriff, der in unserem Denken nichts verloren hat, ebenso Gott, Liebe und all das andere Zeug, das sich immer wieder einer vernünftigen Erklärung entzieht. Ein Lösungsansatz dieses Dilemmas ist, die eigene beschränkte Wahrnehmung dessen, was ist oder zu sein scheint. Man erkennt, als Wesen Mensch nur einen sehr kleinen Teil der “Wahrheit”. Das fängt schon an mit den Spektren, die wir mit den Augen nicht sehen und mit den Ohren nicht hören können und von deren Existenz wir erst erfahren haben, als wir entsprechende technische Hilfsmittel dafür bauen konnten. Man sollte aufhören, zu behaupten, daß die Wahrheit am Ende der Meßgeräteskala endet ... Ebenso ist sich der Mensch nur eines sehr geringen Teils seines gesamten Selbst wirklich bewußt.

Begegnen wir den vagen Vermutungen über die Seele doch einfach mal mit Freudscher Psychoanalyse. Nicht zuletzt deshalb, weil Freud ja mit seinen Ausführungen über das ES, das ICH und das ÜBER-ICH genau das meinte, was die Seelenbefürworter den Geist nennen.

Ein Crashkurs: Freud entwickelte eine Idee der dreiteiligen Struktur der menschlichen Psyche. Er nannte diese Instanzen das Es, das Ich und das Über-Ich. Das Es ist das Unbewußte und zugleich das Triebhafte, dem Freud die Befriedigung archaischer Bedürfnisse, wie Essen und Sex aber auch Haß, Neid oder die Liebe zuordnete (die bei ihm gleichermaßen als „Affekte" bezeichnet wurden). Das Ich ist der Teil unseres Selbst, der uns bewußt ist. Hier ist die Selbstreflektion, das Denken, Wertvorstellungen und das anzusiedeln, was Schopenhauer uns vom freien Willen übriggelassen hat. Eine wichtige Funktion des Ichs ist die Vermittlung zwischen dem Unbewußten Es und dem Über-Ich, jener Instanz, die aus den Verinnerlichungen der Umwelteinflüsse und der sozialen Struktur, in der man aufwächst, besteht. Freud machte sich mit dieser Theorie keine Freunde, denn die Konsequenzen daraus waren für den Menschen eher unbehaglich. Schon die Annahme, daß es überhaupt etwas in uns gäbe, dessen wir uns nicht bewußt sein könnten, was wir nicht kontrollieren könnten, untergräbt die Allmachtsgedanken des Menschen, seinen Kontrollzwang und die vage Hoffnung, irgendwie bedeutend zu sein. Doch Freud ging sogar soweit, das Ich als Randgebiet des Es zu bezeichnen und zu behaupten, der Mensch würde neunzig Prozent seiner Entscheidungen unbewußt treffen. Das brachte ihm den Ruf eines hoffnungslosen Spinners ein und nicht etwa seine verkorksten Ansichten über Sex und Drogen. Heute weiß man, daß Freud mit den neunzig Prozent noch ziemlich untertrieben hat ...

Tatsächlich kennen wir nur einen viel kleineren Teil von uns selbst, als Freud annahm. Es kursiert in diesem Zusammenhang ein wunderschöner bildhafter Vergleich, in der Freuds Modell der Psyche mit einem Eisberg verglichen wird. Der große Teil unter Wasser ist uns nicht bewußt, die Spitze über Wasser ist unser uns bewußtes Ich.

Dafür wurde Freud verlacht. Heute gehen Wissenschaftler davon aus, daß unser bewußtes Ich nur der kleine Schneeball ist, der oben auf dem Eisberg liegt ...

Meine Vorstellung von Seele ist diesem Bild sehr ähnlich. Ich glaube, daß alles beseelt ist, also von einer, wenn Sie so wollen, göttlichen Kraft zu seiner Existenz gebracht wird. Daß es eine Art Weltseele gibt, die sich endlos verzweigt. Dabei gibt es zwischen Gott und Seele, zwischen Gott und seiner Schöpfung, keinen Unterschied. Die Seele bringt Existenzen hervor. Das können sehr viele sein und sie können gleichzeitig existieren. Die Seele ist überall, gleich dem Wasser in einem Meer. Stellen Sie sich Gott also als das Wasser vor, als einen Ozean, in dem warmes Wasser aufsteigt und an der Oberfläche gefriert. So bilden sich Strukturen, die zu Eisbergen werden, also Seelen, die ein verschwindend kleiner Teil des Ozeans sind. Der Mensch ist wie der Regentropfen, der auf den Eisberg trifft und das eine Menschenleben ist die Zeit, bis der Regentropfen gefriert und so ein Teil des Unbewußten dieser Seele wird. Mit der Anzahl der auftreffenden Tropfen und den gesammelten Erkenntnissen dieser vielen Leben wird der Eisberg immer schwerer und sinkt immer tiefer in das Meer, das ihn so nach und nach auflöst. Immer schneller schmilzt der Eisberg, bis all das Eis wieder Teil des Meeres wird und sich mit ihm auch die Erkenntnisse der gelebten Leben im großen Ganzen auflösen.

Wenn es also das ewige Leben gibt, dann sicherlich nicht in jener uns so heißgeliebten Form, in der wir die Erde verlassen und als dasselbe Individuum in einem anderen Körper wiederkehren. Und wir dann nur genug Drogen schmeißen müssen, um uns daran zu erinnern, was wir in früheren Leben taten. Glauben Sie niemandem, der sich daran erinnern kann, mit Bach musiziert, für Nofretete die Betten gemacht und Napoleon die Hand gegeben zu haben. Die meisten Menschen haben, egal ob sie nun reinkarniert wurden oder einfach wieder anonym in den Kreislauf des Lebens eingingen, in ihren früheren Existenzen sicherlich auch ein ganz normales, unbedeutendes, jämmerliches Leben geführt. Sie haben Fußball geschaut und Lotto gespielt, und sind auf Malle in den Urlaub geflogen oder sie haben, je nach technischen Möglichkeiten in den jeweiligen Jahrhunderten, entsprechende Ersatzhandlungen vollzogen.

Und Sie können sicher sein, daß die meisten von uns auch innerhalb der Reinkarnations-Weltbilder gesoffen, gehurt und gemordet haben. Wie das auch heute noch die meisten tun. Von daher ist es auch ganz gut, daß wir uns daran nicht mehr erinnern können und vielleicht wirklich immer wieder die Chance bekommen, von Grund auf, gänzlich neu anzufangen.

Die theistischen Weltbilder erlauben dem Menschen nur, sich für den Nabel der Welt zu halten, wenn der Mensch wiederum seine Welt klein hält. Ich finde das furchtbar, und ich glaube, daß für so viel Naivität es einfach nicht ausreicht, die universellen Größenordnungen nicht zu verstehen. Ein Mensch, der glaubt, daß Gott mit ihm redet, muß einerseits unglaublich arrogant sein und andererseits Hollywoods Verfilmung von Shelleys Frankenstein für einen Dokumentarfilm halten.

Was ist daran so verkehrt, wenn man den Stimmen im Kopf keinen Namen gibt?

Insomnia

Ich will doch nur hinaus und in den Himmel sehen,
Wolkenschafe zählen, anstatt mich zu quälen.
Drehe mich im Kreis, ertrink im eigenen Schweiß,
wälz' mich auf die Seite und zurück, denn ich weiß,
dass der Himmel da draußen so schwarz ist, wie in mir
der Wust meiner Gedanken.
Ich verbrenn' und erfrier,
stoß mir den Kopf an euren Schranken,
stehe auf und verlier',
denn hinter jeder Tür ist eine Tür, ist eine Tür.
Ist eine Tür.

Sorgen brennen Löcher in Herzen aus Asphalt.
Menschen morden, sterben, faulen werden langsam kalt,
werden Zombies, labern Scheiße auf der Straße. Im TV
spielt das Supersonderpreistheater gegen Supergau.
HighTec-Meuchelmordkommandos
fliegen brüllend durch die Nacht.
Haben stolz in meinem Namen,
fremde Menschen umgebracht.
Stellen jeden an die Wand,
der sie nicht hemmungslos verehrt.
Wer uns nicht folgt, ist gegen uns!
Was läuft da verkehrt?
Wer uns nicht folgt ...
Das hat mich früher schon als kleines Kind gestört.
Wer uns nicht folgt ...
Hab ich das nicht schon einmal irgendwann gehört?
-find keinen Schlaf.
Ich finde keinen Schlaf!
Ich seh, wie unter Beifall dieser satten Menschenherden

Schaffot und Todeszellen zu Formfleischfabriken werden.
Sah die Kinder meiner Eltern
sich den Abfall dieser Schlachten
in den Rachen stopfen,
bis sie machten, was die andern dachten.
Sah sie Scheine drucken, spucken,
wahren, machen und verehren
und mit ihren Schlächtern reden,
küssen, lachen und verkehren,
zuerst aufrecht, dann gebückt
und zum Schluss auf allen Vieren
erst sich selbst und dann den anderen
die Gehirne amputieren.
Sah euch Drähte implantieren
tief ins eigene Rückenmark.
Und dann Trauer tragend jammern, heulen
vor dem eigenen Sarg.
Ich wollte raus aus diesem Traum,
doch der Traum, der war in mir
und hinter jeder Tür ist eine Tür, ist eine Tür.
Ist eine Tür.

Und dahinter werd ich endlich erkennen, was mir fehlt.
Zu lang habe ich schändlich verdrängt und Vieh gezählt,
betäubt, bestäubt und mich gesträubt,
zu sehen was mich quält.
Stand so lange in der Schlange, meine Klagemauer fällt.
Und die Klarheit frisst die Klage,
war schon viel zu lange drauf.
Jetzt gibt's nur noch die eine Frage:
Wann wach' ich endlich auf?

High Definition Brainfuck 5.1.

Wenn man aus einem Arbeitsverhältnis entlassen wird, gilt man entweder als Versager, schlechter Arbeitnehmer oder als besonders clever. Wer so bescheiden ist und sich entlassen lässt, anstatt den Job zu kündigen, bekommt nämlich für eine Weile Stütze. Ich sag jetzt mal Stütze, weil sich ihr Name mittlerweile so oft geändert hat, zudem die Institutionen, die man dafür zuständig meint, ebenfalls permanent wechseln. Da komme ich nicht mehr mit. Allein der Betrag hat eine Konstante. Er wird konstant immer weniger. Man nennt das Inflationsausgleich. Also, wenn man für sein Geld immer weniger bekommt, weil es immer weniger wert ist, dann bekommt man auch weniger Geld geschenkt.

Sie lachen jetzt vielleicht, weil diese Logik in diesem speziellen Fall mit den Resten Ihrer Mathematikkenntnisse kollidiert, aber Hochmut kommt vor dem Fall, so schlau sind Sie nicht!

Hat man nicht auch Ihre Müllabfuhrgebühr mehr als verdoppelt? Leert man dafür die Tonnen nicht auch bei Ihnen nur noch alle zwei Wochen anstatt wöchentlich? Verhält sich die Halbwertszeit Ihres Autos nicht reziprok proportional zu seinem Baujahr? Müssen Sie nicht deshalb doppelt so oft ein neues kaufen, nur damit Sie halb so viel Sprit verbrauchen, der aber gleich viermal so viel kostet? Kein Wunder, dass die Jugend austickt, wenn 2 x 3 nur noch in der Schule 6 ist.

Wird man aus einer Haftvollzugsanstalt entlassen, gilt man als vorbestraft und wird mittlerweile auf Steuerzahlerkosten rund um die Uhr beobachtet. Wird man aus einem fremden Land wegen seiner Gesinnung oder seines Glaubens über die Grenze getrieben, ist man Asylant. Aber nur, wenn man vor dem Grenzübertritt ordentlich gegessen hat, sonst gilt man als Wirtschaftsflüchtling, kommt in eine Haftvollzugsanstalt und gilt dann als vorbestraft.

Zieht man freiwillig oder unfreiwillig von einem deutschsprachigen Land in ein anderes, dann gilt man immer als behindert. Mein erster kapitalistischer Vorgesetzter meinte beim Einstellungsgespräch: „Hm, Abitur im Osten, ist ja ungefähr wie bei uns die 6. Klasse.“ Und die schlauen Deutschen, die heute in die Schweiz pilgern, machen adäquate Erfahrungen, allerdings nicht wegen ihres Bildungsstandes, sondern weil ihr Geld nichts mehr wert ist.

Welchen schweren Stand ein Österreicher in Deutschland hat, das wissen wir alle aus der Geschichte.

Wird man aus einer Klapse entlassen, gilt man als geheilt. Auch dann, wenn man eigentlich vor die Tür gesetzt wird, weil der Anstalt die finanziellen Mittel für einst neunzig Betten um dreißig runtergekürzt wurden. Somit behält die Anstalt nur die Härtefälle, also solche, die sich sofort verräumen würden, solche die draußen Ärger machen würden und solche, die einfach scheiße aussehen.

Mich konnte man auf die Menschheit loslassen. Zumal mir bei meiner multiplen Persönlichkeitsstruktur drei Betten zustünden.

Also: Hallo Welt! Here I am!

Aber die Welt antwortet nicht, kein „Hallo Michael“.

Ich komme mir vor wie Michael Douglas, als er aus dem Knast entlassen wird, also ich meine jetzt nicht den richtigen Michael Douglas, sondern jenen Typen, den der richtige Michael Douglas in einem Film spielt, wo man ihm bei der Entlassung ein riesiges Telefon zurückgibt, was damals, als der, den der Michael Douglas spielt, in den Knast kam, sicherlich ein Vermögen gekostet hatte.

Jedenfalls kommt der wieder raus und checkt ein bisschen rum, da merkt er doch glatt, dass die Kapitalverbrechen, für die er im Knast saß, jetzt vollkommen normal sind.

Alle fanden das lustig, als sie den im Film sahen, ich konnte da gar nicht drüber lachen. Stellen Sie sich mal vor: Sie fahren zehn Jahre wegen Diebstahls ein. Und erfahren dann, wenn Sie entlassen werden, dass sich seit neun Jahren jeder nimmt, was er braucht. Wäre das nicht total frustrierend? Ich finde, es ist kein Wunder, wenn man da Krebs kriegt. Aber den bekam der echte Michael Douglas, nicht der, den er gespielt hat. Scheiße, ich blick da nicht mehr durch.

Die Stars im Kino sind doch sowieso längst keine echten Personen mehr. Sie setzen sich in unseren Köpfen aus Fragmenten jener Charaktere zusammen, die sie in den Filmen verkörperten. Und umgekehrt, ist ihr Leben jenseits der Kamera meistens besser inszeniert als ihre Rollen.

Wer weiß. Vielleicht hat Brad Pitt ja Angelina Jolie nie geheiratet. Angeblich soll er ja mit Edward Norton bei der Sprengung eines Hochhauses bereits 1999 ums Leben gekommen sein, aber das stimmt nicht ganz, denn diejenigen, die den Film „Fight Club" nicht in der Nach-dem-elften-September-Fassung im Fernsehen, sondern unzensiert gesehen haben, die wissen genau, dass Brad Pitt von Edward Norton erschossen wurde, weil beide auf die Bonham Carter scharf waren. Dann hat Edward Norton die Hochhäuser gesprengt und behauptet, es sei Brad Pitt gewesen. Danach tat es Edward Norton leid und er richtete seine Waffe gegen sich selbst. Aber er war zu blöd, sich umzubringen, schoss sich durch die Backe und überlebte. Das sah dann so scheiße aus, dass die Bonham Carter einen anderen genommen hat.

Dabei hat die Bonham Carter eigentlich immer den Edward Norton haben wollen, vögelte bloß mit Brad Pitt rum, weil sie Brad Pitt immer mit Edward Norton verwechselte.

Da kann man mal sehen, wie blöd Schauspielerinnen sind, oder wie blind, weil, die sehen sich ja gar nicht ähnlich, die beiden, also der Norton und der Pitt. Zudem hat der Norton auch ein riesiges Hakenkreuztattoo auf der Brust, aber das kann man nur in dem anderen Film sehen, in dem der Brad Pitt nicht mitspielt.

Bei meinen ersten drei Kinobesuchen nach den Jahren ohne Vormundschaft bin ich eingeschlafen, bevor der Film anfing. Ich war immer der Einzige, der punkt 20 Uhr im Kino saß und bin dann immer erschrocken aufgewacht, wenn das Licht anging. Inzwischen scheinen sie im Kino nur noch die Filme zu zeigen, die bei den Privatsendern nicht mehr laufen. Sie schneiden bloß die ganze Werbung raus und spielen sie komplett vorneweg.

Dafür verlangen sie Geld.

So viel Geld, dass ich anfangs dachte, es sei alles inklusive, mit Essen, Getränken und Übernachtung. Beim zweiten Mal habe ich mir dann auch mein Bier mitgebracht, denn die verkaufen das im Kino für 4,50 Euro pro Flasche, also einen Euro teurer als die Kiste Sternburger im Netto. Ich komm da nicht mehr mit.

Wir leben in einer Welt, in der sie Leute wie mich einsperren, weil sie Stimmen hören, aber Eintritt zahlen, wenn einer von sich behauptet, er sei die Stimme von Robert De Niro.

„Meinung"

Eine Meinung ist eine subjektive Ansicht beziehungsweise Einstellung zu Zuständen, Ereignissen oder zu anderen Personen. Das allein macht sie aber noch nicht zum Quell allen Leidens. Auch nicht ihre Entstehung. Eine Meinung basiert auf eigenen Erfahrungen, auf Wissen und ist ein immer temporäres Produkt kognitiven Denkens. Das bedeutet, daß eine Meinung sich eigentlich immer ändern muß, sofern sich der Geist, der sie hervorbrachte, noch bewegt. Und es bedeutet außerdem, daß eine Meinung immer an sein Individuum, dessen Standpunkt, dessen Bildung und dessen gesellschaftliche Umgebung gebunden ist. Eine Meinung dient also seinem Individuum zur Orientierung. Jedenfalls beschreibt dies den Idealzustand.

Tatsächlich „meinen" wir Menschen mit dem Wort Meinung meistens etwas anderes. Der Mensch verwechselt Meinung mit Wahrheit, die er dem Rest der Nichtverstehenden einbleuen muß. Meinungsaustausch ist leider eher ein Kräftemessen, bei dem der bessere Rhetoriker gewinnt oder verdroschen wird. Meinungen entstehen nicht mehr, sondern werden, entweder im festen Glauben an die darin enthaltene Wahrheit oder in der Hoffnung auf einen individuellen Nutzen, einfach übernommen. Meinungen werden gemacht und multipliziert. Sie entstehen mithilfe einer ganzen Meinungsindustrie, entkoppelt vom Individuum, losgelöst von eigenen Erfahrungen, gebunden an einen manipulativen Zweck.

Dem Argument eines Meinenden, er wisse es ganz genau und sei deshalb dazu berufen, seine Meinung zu lehren, kann man entgegensetzen, daß jegliches Wissen sich irgendwann als Meinung entpuppte.

Oder umgekehrt, jeder der vielen Irrglauben, sei es die Erdenscheibe, der alte Mann auf der Wolke, das blaue Blut, die schwarze Galle, die vier Elemente und so weiter, war einmal eine unverrückbare Wahrheit, kostete Menschenleben, verursachte Leid und Elend. Bis sie alle als Irrtümer erkannt wurden. Ebenso waren unsere Wahrheiten, wie das endliche Universum, das unendliche Universum, die arische Rasse, die absolute Zeit, die relative Zeit, das ewige Wirtschaftswachstum ... jahrelang

Hirngespinste, kosteten Menschenleben, verursachten Leid und Elend, bevor sie irgendwann einmal als Wahrheiten anerkannt wurden. Seitdem diese wiederum auf dem Thron der Wahrheit hocken, haben neue Meinungen es schwer, sich zu behaupten ... Und nein, es ist kein Schreibfehler. Rassismus und Nationalismus sind nach wie vor Bestandteile des erstweltlerischen Wunschdenkens, auch wenn Negerküsse jetzt Schokoküsse heißen. Egal, ob Zugehörigkeit zu einer Nation oder zu einer Erbfolge, egal ob wirtschaftliche oder religiöse Motive dahinterstehen. Das Leiden, was daraus erwächst, fußt auf der Illusion der jeweiligen Angehörigen der Stände, Kasten, Klassen und Schichten, etwas Besseres oder Schlechteres zu sein, nicht auf der Ursache dieses Irrglaubens.

Jedes Ausmerzen einer solchen vermeintlichen Wahrheit ist in Wirklichkeit ein Ausmerzen des Symptoms und hat zur Folge, daß ein neues Symptom, eine neue Krankheit entsteht. Wer versucht, den Lauf der Dinge gewaltsam zu regeln, wird immer scheitern. Das Pendel wird nie auspendeln, wenn jeder dran herumfummelt. Also sollte man aufhören, in irgendeiner Art und Weise darauf einzuwirken. Man kann den Lauf der Dinge nicht regeln. Und so sollte jeder einfach anfangen aufzuhören. Einklang, Gleichklang, Ruhe, Erleuchtung sind alles große Worte für eine einzige Aufgabe: Loslassen. Ich brauche also nur abzuwarten und im Geiste meine Hausaufgaben machen, die sich auf das Visualisieren der eigenen Wünsche beschränken. Jener Wünsche, die sich in Kreativität erschöpfen und sich jenseits von Haben und Wollen befinden. Und eben jenseits von jenem "Ich bin der Meinung, daß ..."

Wenn jeder vor der eigenen Tür kehrt, ist die Straße sauber. Wenn niemand sich über den anderen aufregt und sich nur um den Platz vor seiner Tür kümmert, kehrt Ruhe ein. Natürlich besteht theoretisch die Möglichkeit, nach der Ordnung der eigenen Existenz den anderen bei ihrem Bestrebungen zu helfen. Aber die Zahl derer, die sich anmaßen dürften, zu behaupten, jenes Stadium erreicht zu haben, ist, gelinde gesagt, sehr klein. Also fange ich selbst damit an, vor der eigenen Tür zu kehren. Das ist das einzige, was ich vorerst tun kann. Und das bedeutet, daß ich andere Kulturen, andere Lebensweisen und -wesen von der Fliege bis zum Menschen, achte und akzeptiere und mir auch keine Meinung über andere Lebensweisen erlaube. Es ist egal, ob ich jemandem dem Kopf einschlage oder nur andere unterschwellig dazu anstifte, indem ich negative Meinungen verbreite.

Der Lauf der Dinge entsteht im Kopf. Alles, was geschieht, wurde irgendwie erdacht oder eben aus der Fülle möglicher Wahrnehmbarkeiten auserwählt - und das immer von vielen Individuen, die in der Mehrheit gar nicht wissen, daß sie den derzeitigen Zustand verursacht haben. Die Diktatoren und Führer lenken die Menschen vielleicht in die Katastrophen. Das können sie nur, wenn sich die Menschen lenken lassen. Ohne den unbewußten Willen zum geistigen Gehorsam wären diese Diktatoren machtlos. Also höre ich einfach auf, mir Meinungen zu bilden und sie in die Welt als Wahrheit hinauszurufen. Denn das ist immer der Anfang des geistigen Gehorsams, solange wir nicht bemerken, daß wir immer nur das wiederkäuen, was man in uns hineinstopfte.

Meine persönliche Meinung ist, daß Meinungen immer „meine" und „persönlich" sind. Dementsprechend soll ein Austausch von Meinungen immer in der Annahme geschehen, der Grund des Gespräches stünde genau in der Mitte des Tisches und jeder Gesprächspartner betrachtet ihn aus „seiner" Perspektive. Wie er diese Beobachtungsposition erlangte, sei es durch eine diktierte Sitzordnung, durch Bildungsstand, die Brille, die ihm aufgesetzt wurde, durch die Erlebnisse, die seine Sicht prägten oder durch bewußte Auswahl der Position, ist unerheblich. Egal warum Ihr Gegenüber den Gegenstand aus dieser Position betrachtet, er kann nur diese Sicht beschreiben. Und diese Sicht ist nicht Ihre! Es sei denn, in der Mitte der Gesprächsrunde eineiiger Zwillinge schwebte eine perfekte Kugel ... Meinungen anderer erweitern den Horizont, solange man seine Position als Horizonterweiterung der anderen begreift. Das setzt die Fähigkeit des Zuhörens voraus. Außerdem die des absichtsfreien, sachlichen Argumentierens.

Diese Erkenntnis allerdings ist nur die Hälfte des Weges hin zum großen Frieden mit den Verlautbarungen. Denn jedwede Äußerung wird erst durch ihre Wahrnehmung zum Fluch oder Segen.

Was nützt einem Menschen mit der Überzeugung, andere nicht überzeugen zu müssen, ein Gespräch, in dem die anderen überzeugen wollen? Oder sie Meinungen einfach übernehmen, wenn ihnen die Argumente ausgehen? Unsere egodominante Streitkultur läßt vorbehaltlosen Meinungsaustausch nicht einmal ansatzweise zu.

Da nützt es auch nichts, wenn nur einer der Meinenden in einer Gesprächsrunde über die Subjektivität jeder Verlautbarung und die daraus resultierenden Folgen aufgeklärt ist. Die Mehrheit der Teilnehmer an einem Meinungsaustausch muß dieser Ansicht sein und entsprechend auch handeln. Solche Gesprächskonstellationen werden von den Meinungsmachern und Meinungsübernehmern schnell verlassen und gemieden (oder mit einer ferngezündeten Bombe beendet, aber mit diesem Risiko lebt jeder aufgeklärte Mensch).

Allein dieses Ziel zu erreichen: bewußt und unbewußt frei zu denken, dauert ein ganzes Leben - mindestens. Und wenn ich dann soweit bin, daß ich kein Instrument mehr bin, für die Dinge, die mich stören, dann können mir diese Dinge auch egal sein. Wir regen uns ja nur über diese Mißstände auf, weil wir ein Teil von ihnen sind. Dinge und Nichtdinge, zu denen wir keine Affinität aufbauen können, sehen wir nicht und so können wir uns auch nicht darüber aufregen.

Dying Culture

Der Song steinalt, ein Klassiker.

Und er ist irgendwie allumfassend zutreffend.

Der kleine Kult-DJ aus L.A., der sich mit diesem Song für eine kurze Zeit unsterblich gemacht hatte, meinte aber eine andere Kultur, damals. Heute trifft jenes schneidende, brutale, durch den Verzerrer gejagte „Dying Culture, Dying Culture“ auch auf jene Culture zu, die gerade versucht, darauf zu tanzen.

Es war und ist ein kollektiver Irrtum, dass Kulturen kommen und gehen. Sie blühen auf, zerbröseln, stürzen ein, verbrennen zu Asche oder verrotten zu schwarzer Erde, um immer wieder neue Kulturen zu nähren. Das Problem heute ist, dass nichts mehr nachwächst, weil keiner mehr wachsen will. Kultur ist nur noch die Summe aller Gesetze einer Gesellschaft, die sie nicht braucht, sich selbst auferlegt, weil ihr langweilig ist. Die perfekte Gesellschaft regelt alles und jeden und macht somit die Kultur überflüssig.

Wer muss, geht nicht wählen, sondern aufs Klo.

„Dying Culture, Dying Culture“

Kultur hatte früher auch mal was mit Ausdruck zu tun, mit Ideen - und mit STATE OF MIND. Heute fragen sich viele, wo dieser State eigentlich liegt? Anders Sein bedeutet heute nicht einmal mehr, kontrovers zu denken oder eine unpopuläre Meinung zu vertreten. Anders ist heute jeder. Einmal. Für 15 Minuten. Mindestens. Individualität ist der perfekte Deckmantel, unter dem im Endeffekt dann doch alle gleich sind. Das gleiche Leben leben, die gleichen Süchte pflegen, die gleichen Ängste hegen.

Und wirklich ein anderes Leben führen als die anderen, wer will das schon?

Pro-Test ist nur noch eine Kampagne der Konservativen für flächendeckende AIDS-Kontrollen bei Unverheirateten.

Die Jugend rebelliert nicht mehr, sie passt sich an, sediert sich selbst. Wir stopfen die nächsten Generationen wie die Weihnachtsgänse mit abgelaufenen Weisheiten voll.

Irgendwann ist das Hirn so wund, dass man es nicht mehr benutzt, wenn keiner nach dem fragt, was man auswendig gelernt hat.

Zuerst zwingen sie ihren Nachwuchs in geschlossenen Räumen komische Handlungen an sich selbst zu vollziehen und nennen das Entwicklung. Die beaufsichtigte Menschwerdung ist ein Datentransfer, ein flächendeckendes Vollschreiben ultraschneller, unbefleckter Festplatten mit Leerdaten. Erziehung ist das handschriftliche Vervielfältigen des Datenmülls einer Gesellschaft, die außer Müll nichts mehr produziert, was Bestand hat. Unsere Bildung ist vergleichbar mit dem Ausdrucken und Abschreiben von Spam-Mails. Und sie dient ausschließlich dem Zweck, aus vernunftbegabten Wesenheiten Konsumenten zu formen.

Und irgendwann wissen sie nicht mehr, was sie tun.

Aber keiner vergibt ihnen.

Stattdessen belächelt man sie, wenn sie sich Oberflächlichkeiten unterwerfen und ihre mit Leerdaten vollgeschriebenen Festplatten in ihren Schädeln mit sedierenden Substanzen und audiovisuellem Dünnschiss abzuschalten versuchen.

Und wenn die Mode, der man sich unterworfen hat, endlich alles ist, was man zu haben glaubt, dann ist ihr unausweichlicher Abgang in die Peinlichkeit der Vergangenheit auch das Ende der Welt. Raver, Waver, Rocker, Punker, Emos, ach wären sie doch alle rechtzeitig zum Friseur gegangen und der Schmerz wäre ihnen erspart geblieben. Zeitlosigkeit gibt es nur im Jetzt, Vergangenheit altert und die Zukunft lügt. Die Lüge ist immer die Wahrheit von morgen.

Man muss sie nur oft genug wiederholen.

„Dying Culture, Dying Culture“

Welche Kultur hatte unser kleiner DJ aus L.A. gemeint, damals? Die Feierkultur, die Esskultur, das Märchen vom endlosen Wachstum?

Das Ideal vom süßen Brei, der niemals alle wird, ist längst Wirklichkeit. Das ewige Wachstum, das uns einst als Märchen, dann als Utopie und schließlich als greifbares Lebensziel verkauft wurde, ist allgegenwärtig und hat einen Namen.

Es heißt Krebs.

In der Außenwelt ist er ein ehernes Gesetz, eine Pflicht für den Bürger, ein Befehl. Und in den Menschen drin eine Krankheit. In beiden Fällen endet das Märchen tödlich.

Das ewige Wachstum tötet, auf den Straßen unserer Metropolen, in den exportierten Müllkippen der Schwellenländer, in den Wäldern unserer angeblich ehemaligen Kolonien.

Es wuchert und frisst sich durch unsere Organe und durch unsere Welt, wie die Tornados durch Südamerika.

Der Hunger unserer Grillhühner und der Durst unserer vermehrt biospritsaufenden Autos frisst schneller Schneisen in den Regenwald als ein Großbrand. Das ewige Wachstum löst unser Gehirn auf und frisst die Herzen unserer Kinder.

Hirngebrauch ist strafbar. Wer denkt, lenkt sich selbst und tanzt aus der Reihe. Das ist inakzeptabel. Der verantwortungsvolle Konsument denkt nicht.

Wer denkt, wird erschossen. Mit Spots und bunten Pillen. Also verrecken die wilden Gedanken unserer Jugend an den Thresen unserer Kleinstädte und in den U-Bahnhöfen unserer Metropolen.

„Dying Culture, Dying Culture“

Die Generationsverträge sind fristlos gekündigt worden. Wer seinen Kindern nicht mehr nützt, kommt ins Heim. Eltern weigern sich, erwachsen zu werden, versuchen so, dem Unausweichlichen zu entkommen, nämlich den eigenen Kindern als abschreckendes Beispiel zu dienen.

Aber nur, weil sich die Kinder nicht vor euch ekeln, heißt das noch lange nicht, dass ihr cool seid. Oftmals ist es die selbstzerstörerische Toleranz und das Mitleid, das ihr ihnen eingeprügelt habt, was eure Kinder veranlasst, euch zu ihren Parties mitzunehmen.

Es ist peinlich, wenn ein Ü40-Mensch bei einer Ü30-Party mit U20-Menschen *„Fuck You I Wont Do What You Tell Me"* intoniert, obwohl er seit zehn Jahren nur noch das tut, was andere ihm sagen und nichts anderes von seinen Schutzbefohlenen und Untergebenen verlangt.

Die Rebellion frisst ihre Kinder nicht mehr auf, sie treibt sie einfach ab oder in den Wahnsinn. Nicht nur die Steuerzahler, auch die Gaukler und Querulanten sterben schneller, als sie nachwachsen.

„Dying Culture, Dying Culture"
Das Lied verstummt. Cold End.
Verkackter Übergang.
Pause.

Und keine Droge der Welt kann diese Leere füllen.

„Ich war ein Junkie"

Ich war ein Junkie, ja, ich gebe es zu. Ich hing am Bier für lange Zeit, soff Weinbrand aus Weingläsern und war mein halbes Leben voll auf Nikotin. (Ich konsumierte es meistens durch die Lunge, manchmal auch mit Pflaster.) Aber das ist noch nicht alles. Ich war auf Koffein, Taurin, Teein, nachdem das Koffein den Magen ramponiert hatte und zuvor, als ich noch klein war, wie jedes Kind, auf irgendeinem Hustensaft[27]. Und das waren nur die Drogen.

Des Weiteren war ich fernsehsüchtig, tonträgersüchtig, unermeßlich in meiner Gier nach Fleisch, rohen Innereien und Motorradfahren. Ich war ein Jahr auf Antibiotika, geschwindigkeitssüchtig, sexsüchtig, zuweilen auch vergnügungssüchtig und gesellschaftssüchtig, wie wir alle. Ich war ein Magnum-Mandel-Junkie und wäre beinahe gestorben, als diese Firma plötzlich die Produktion von Schoko-Karamell-umschmeichelter weißer Eiskrem einstellte. Ich war selbstsüchtig, egozentrisch, internetsüchtig, voll auf Tetris und auf SIM City 2000, arbeitsgeil, erfolgssüchtig, eine zeitlang auch auf Zucker und Schokolade. Ja, auch ich glotzte nonstop vierundzwanzig Stunden in die Röhre, winselte um Liebe, nach Mitleid, war unersättlich in meiner Gier nach Aufmerksamkeit, ohne auch nur ansatzweise zu ahnen, daß ich es tat, genau wie Sie.

Es ist ein bunter unsortierter Haufen aus Dingen und Nichtdingen, nach denen wir Menschen abwechselnd, jedoch hemmungslos schreien. Bis wir sie endlich haben und an denen wir dann hängen. Vielleicht ist es verwunderlich, daß sich hinter dieser marktschreierischen Überschrift nicht jene Abhängigkeiten verbergen, die man dahinter vermutet. Junkies sind auf Junk. Und Junk ist, was alle sagen: unbesteuerte Substanzen mit unterschiedlicher, jedoch zuweilen gnadenloser Suchtwirkung. Jetzt wird man vielleicht an Kartoffelschwämme mit rotweißgestreifter

27 Codein ist ein Opiat, das als Schmerzmittel und als Hustenstiller eingesetzt wird. Es war früher häufiger Bestandteil verschreibungspflichtiger Hustensäfte. Bis 1999 wurde es auch als Substitutionsmittel bei Heroinsucht eingesetzt. Allerdings löst Codein beim Absetzen noch problematischere Entzugserscheinungen aus, als das Heroin selbst. Auch seine Eigenschaften als Hustenstiller sind inzwischen umstritten.

Soße denken oder daran, daß man doch eine Unterschriftensammlung für einen gurkenfreien Mac Bacon machen wollte, doch nein, es geht hier auch nicht um Ihren Schnellimbiß. Auch wenn Junk Food keine zufällige Namensgleichheit ist, so ist doch ein Junkie, in der landläufigen Vorstellung, nicht schwammig und fett, sondern eher hager und in der Regel auf Heroin.[28]

Das war ich nie, auch war ich nicht auf anderen harten Sachen, außer auf Bourbon, Single Malt und Cognac. In meinen „wilden Zeiten" habe ich manchmal Unmengen von Wein, Sekt und Met in mich hineingeschüttet und mich dabei nüchtern gefühlt. Ich habe mit „Gefühlen" um die Wette getrunken, mal gewonnen und mal verloren, einmal sogar mit Schaum vor dem Mund auf der Trage eines Krankenwagens. Das Exzessive war begründbar. Auch ohne eine Abhängigkeit kam in mir das Bedürfnis auf, mich zu betrinken. Das Leben ist nüchtern manchmal unerträglich, besonders, wenn man sich so unverstanden fühlt ... und fühlt und fühlt und fühlt .... Schmerzen im Kopf und in den Gliedern und in dem nicht ortbaren Ding, das man Seele nennt.

Sie haben keine Ahnung, wohin Sie die Paradiesvögel treiben können, wenn Sie deren Befindlichkeiten mit Ignoranz strafen, nur weil diese von den Ihrigen abweichen! Ich habe mich schon im zarten Alter von 19 Jahren in Kreisen bewegt, die Alkohol jenseits der Mengen verschlangen, mit denen man auf dem Bau um Anerkennung prahlt. Wache Geister vertragen mitunter unglaubliche Drogenexzesse und sondern dabei auch noch Weisheiten ab. Mit einem durchschnittlichen Treibstoffverbrauch

28 Heroin (Diacetylmorphin) ist ein schmerzstillendes Opioid. 1873 wurde ein synthetisches Verfahren zur Herstellung von Diacetylmorphin aus Morphin und Essigsäureanhydrid entwickelt. Der heutige Konzern Bayer ließ sich das Produkt unter dem Namen Heroin 1896 patentieren. Heroin wurde dann von Bayer als oral einzunehmendes Husten- und Schmerzmittel international massiv und sehr erfolgreich vermarktet. Es fand bei über 40 unterschiedlichen Beschwerden Anwendung und wurde selbst Schwangeren und Kindern verschrieben. Lange wurden Warnungen bezüglich des morphinähnlichen Suchtpotentials ignoriert, hatte Heroin doch weitaus weniger Nebenwirkungen als andere Opiate/ Opioide. Das und die allseitige Verfügbarkeit machte es auch bei den Opium- und Morhiumsüchtigen populär, besonders, als bekannt wurde, daß Heroin geraucht oder gespritzt viel stärker wirkte. So wurde das Wundermittel ab 1910 zuerst in den USA, dann weltweit zum wachsenden Problem. 1931 nahm Bayer Heroin unter politischem Druck vom Markt. Es wurde bis 1958 noch in Deutschland verkauft und erst 1971 verboten.

von einem halben Liter Wein in der Stunde dauert es mitunter bis in den Morgen, bis man zur Ruhe kommt. Dabei ist die Wirkung, die man selbst spürt, eher verhalten. Man glaubt sich nüchtern, bis kurz vor dem Filmriß. Manchmal konnte auch die zweite Flasche Absinth meinen Redefluß nicht stoppen und dennoch befällt mich kein Zittern, wenn ich heute die Finger davon lasse. Ich weiß nicht, wem oder welchen glücklichen Umstand ich das zu verdanken habe.

Sicherlich werden einige Kenner nun behaupten, der Suff könne dem Säufer niemals jenes heroische Gefühl bescheren, wie es Heroin oder Kokain vermag. Aber darum geht es nicht, es geht nicht um die Substanz, nicht um die Wirkung, sondern um die Sucht. Jeder, der einmal süchtig war, egal wonach, wird bestätigen, daß man nicht die Substanz besiegen muß, sondern die Sucht selbst. Dabei sagt die gesellschaftliche Akzeptanz oder Ächtung nichts über eine diesbezügliche Gefahr aus.

Mich hat keine illegale Substanz in irgendein vergleichbares Abhängigkeitsverhältnis getrieben, wie ich es zu Nikotin hatte, auch wenn ich Hanf, LSD und Ecstasy, zum Teil freiwillig und zum Teil unfreiwillig gekostet habe, bin ich doch weder auf einem Trip hängengeblieben, noch haben mich Entzugserscheinungen zu irgendwelchen erniedrigenden Handlungen getrieben.

Die wirklich schlimmen Dinge des Lebens sind die allgemein akzeptierten. Ihr jämmerliches Dasein knüpft sich an Dinge, die Sie gern hätten, weil Sie glauben, ohne diese Dinge nicht leben zu können. Alles dreht sich um Zeug, was Sie glauben, besitzen zu müssen, ohne zu bemerken, daß es umgekehrt ist. Ja, Sie sind (werden) besessen von den meisten Dingen, die Sie sich anmaßen zu besitzen. Die intensivste Besessenheit (Besitzergreifung) erfahren Sie allerdings noch nicht einmal von den Dingen, die Sie haben, sondern von denen, die Sie gern hätten. Die Dinge, die Sie besitzen, bringen Sie um. Für die Dinge, die Sie haben wollen, töten Sie.

Unser Wollen degradiert alles zu Dingen, Sachen. Jene Arroganz hat sich unabdingbar in unseren Sprachgebrauch eingebrannt: Wir haben nicht nur einen Fernseher, eine Wohnung und einen vollen Kühlschrank. Wir besitzen auch verbal das Verlangen nach den Dingen, wir haben Hunger, wir haben Sehnsucht oder wir haben Langeweile. Wir haben einen Freund, wir haben eine Freundin, wir haben Sex, wir haben ein Problem.

Aber es ist umgekehrt. Das Problem hat uns.

Das „Problem“ ist das wandlungsfähigste Wesen in diesem Universum. Es ist immer und überall und hat unendlich viele Gesichter. Es ist immer schneller als die Lösung und es schreit nach Pflege und Beachtung. Wer versucht, vor ihm davonzulaufen, wird auf immer schnellere Fortbewegungsmittel umsteigen, bis er sich mit 200 Sachen um einen Brückenpfeiler wickelt.

Nur Lucky Luke zieht schneller als sein Schatten.

Und er würde dennoch niemals versuchen, vor ihm davonzulaufen. Doch treffen kann er sein pechschwarzes, gesichtsloses Alter Ego nur als Comicfigur. Bislang hat es in der „Realität“ noch keiner geschafft, seinem Schatten ein Loch in den nicht vorhandenen Pelz zu brennen. So sehr läßt sich die Wahrnehmung nicht verschieben, was allerdings Heerscharen von schießwütigen Affen nicht daran hindert, es immer wieder zu versuchen.

Mit dem Problem ist es ähnlich, jedoch ist der Versuch, davor wegzulaufen so paradox, als würde der Schatten die Flucht ergreifen. Das Problem bin nämlich immer ich selbst. Nach außen tritt es nur durch meine Reflektion auf bestimmte Dinge, die ich dann als Probleme ansehe. Menschen haben also eine Eßstörung, eine Alkoholvergiftung oder Ehekrisen nur, weil sie sich von dem eigentlichen Dämon ablenken. Dieser Dämon sind sie selbst. Das, was sie glauben, zu sein, das Bild ihrer Selbsterkenntnis ist nur ein Spiegelbild, welches dieser Dämon erblickt, wenn er im Badezimmer Grimassen schneidet und in seiner unersättlichen Gier nach mehr schreit.

High Definition Brainfuck 2.0

Was ist geschehen? Vor einigen Jahren beschlich mich abwechselnd das Gefühl, den falschen Film zu sehen oder im falschen Film zu sein. Ersteres ist nicht so schlimm, außer man hat für einen politisch korrekten Splatterhorror bezahlt und landet aus Versehen in einem Saal, wo die Leute sich freiwillig von radikalamerikanischer Propagandascheiße die Hirne wie Popcorn aufblasen lassen.

Das andere Gefühl ist bedrohlicher. Wenn man im falschen Film zu sein scheint, quasi als Hamlet in der Lindenstraße, oder als Bambi bei einer Oskarverleihung, wenn Dialoge anders verlaufen, als sie sollen, wenn man seiner Mutter sagt, man habe einen Tumor und sie meint, dass das Wetter wieder besser wird, wenn man ein Paket aufgeben will und dabei aus Versehen ein Konto eröffnet und die Atomkraftwerkslaufzeiten verlängert, wenn man sich arbeitslos melden will und dabei nach seinen sexuellen Vorlieben gefragt wird, wenn Punks auf der Straße mit dem Euro, den du ihnen gibst, nichtmal mehr aufs Klo können, wenn man ein System Of A Down Konzert besuchen will und 115,- Euro bezahlen soll ... dann bekommt man Angst. Konzerte solcher Bands waren einst Protestkundgebungen und Festivals waren zumindest der Ausdruck irgendeines von der Tristesse abweichenden Lebensgefühls.

Anstatt so etwas zu verbieten, wird es einfach unerschwinglich oder kaputttoleriert. So wurde der Christopher-Street- Day erst zur Freakshow und dann zum Kasperletheater.

Und die Loveparade wurde erst eine riesige Dorfdisko auf Beton, dann ein Weltrekordversuch im Pinkeln unter freiem Himmel und schließlich zur ersten live übertragenen Massensuizidveranstaltung. Exzess ist ein Dauerzustand und Ecstasy ein Placebo gegen ein kollektives Aspergersyndrom. Die Kids in den Clubs tanzen nicht mehr, stehen mit Bierflaschen in der

Hand auf den Tanzflächen herum und ahmen die Bewegungen der Behinderten, die sie im sozialen Jahr betreut haben, zaghaft nach, sobald sie einen Refrain erkennen. Im Strophenteil reden sie auf ihre Artgenossen ein. Reden geht mittlerweile wieder, weil nicht nur das Niveau sondern auch der Sound in den Dissen und Konzerthallen auf das Ghettoblaster-Niveau der frühen Achtziger zurückgefahren wurde.

Nach diversen gescheiterten Selbstresozialisierungsmaßnahmen bleibe ich, wie die meisten, einfach daheim, glotze in die Röhre, die heute HD-Ready-LCD Display heißt. Das Konzert-Event kommt live ins Wohnzimmer. Der Sound ist grottig. Eine Blutwurst mit schwarzen Haaren gibt sich als Frau zu erkennen. Mein Vermehrungswille scannt sie gleich auf ihre Gebärfähigkeit ab. Maße: 80, 90, 100, 120, 110. Vom Doppelkinn bis zu den aus dem Minirock über die Knie schwappenden Oberschenkel - alles perfekt. Das denkt sie sich auch, trinkt die Dose Bier aus, rülpst und stolpert von der Bühne. Digicam-Wackelschwenk durch den leeren Konzertsaal.

Kultur ist heutzutage erst einmal Einheits-Massenware. Nach der Einheit ist vor der Einheit. Dazwischen ist Streit, Schmalz, Balz und Gleitmittel. Danach Saure-Gurken-mit-Ketchup-Zeit. Kotzen, Pressen, Stillen. Kultur als Mischung aus Fruchtbarkeitskult und missglücktem Schwangerschaftsabbruch. Was die Rouladennadel nicht umbringt, fixt 15 Jahre später mit dem Zeitgeist um die Wette. Urbane Kultur ist vor allem rund um die Uhr, immer auf der Flucht, nicht intellektuell, dafür vernetzt, versetzt, ja, vor allem schnell, viel zu schnell, gehetzt, zieht sich hoch und raucht sich runter. Zusammenrottung der verzweifelten Stoner, Junkies und Cracks - hoffnungslos erfolgsabhängig, seit der letzten Fördermittelkürzung, und deshalb flach und primitiv, den Anstoß meidend, daran leidend, dem anderen Erfolge neidend und doch so gerne subversiv.

Kultur chillt und strampelt am Existenzminimum, im schrottprämiengesponserten Neuwagen und mit dem iPod-Wide-Stereo-Inear-Bluetooth-Knopf im Ohr, den Kopf am Meinungstropf singt man mit der Welt im Chor. Meistens PROST! Und TOOR! Und MORE! MOOORE! Auf Deutsch: Mehr, weil bis zur Südsee reichts nicht mehr ... Vor den Toren dieser Stadt steht das Arbeitlosenheer. Denn hier ist jeder, jeder schwer vermittelbar. Und das über das ganze Jahr. Nur BVB-Sozialtarif. Und an jeder Ecke ein Ticket to ride Stairway To Heaven.

Kultur wird immer nekrophiler. Früher starben die Musiker einfach Mitte 30 an einem Cocktail aus Koks, Heroin und Alkohol und wurden zur Legende. Später verräumten sie sich durch Schrotflinten, beim Sex oder in einem Ferrari und wurden zumindest unsterblich. Doch heute seilen sich die Erfolgreichen einfach quietschlebendig ab - um bei jeder sich bietenden Gelegenheit ein Jubiläum oder eine Reunion zu feiern. Trieb einen das früher Kindheitserinnerungstränen der Rührung in die Augen, bekommt man heute immer mehr Beklemmungen: Scorpions live, Iron Maiden live, Judas Priest, ZZ-Top, Supertramp, David Byrne. Das Schlimme war nicht Nenas Auferstehung, sondern die Tatsache, dass sie damit mehr Asche gemacht hat als während ihrer Kariere in den Achtzigern. Das Traurige ist, dass sie Kim Wilde damit aus der Versenkung lockte und damit meine romantischen Erinnerungen an die Pubertät vollkommen zunichte machte. Und weil den Deutschen offensichtlich außer eben jenen feuchten Träumen ihrer Kindheit nichts geblieben scheint, lud die sterbende Musikindustrie nach: Es reformierten sich Milli Vanilly, Billy Idol, Robin Gibb, Lionel Richie, Boney M, Dschingis Khan und die Band, die vor den Beatles in Hamburg aufgetreten ist ... Und die alten Männer, wie Rod Stewart, Howard Carpendale, Peter Maffay, Bob Dylan, Chris Norman oder Heino haben sich nie aufgelöst. Immer mal kurz weggedöst. Und waren dann plötzlich wieder da. Bald kommt noch das Revival des guten alten German Slang mit BAP und Spider Murphy Gang.

Wer sich weigert, sich zum Affen zu machen, so wie ABBA, über den werden Musical inszeniert. Das hat Folgen: Die Gelangweilten feiern 35 Jahre Pur, 45 Jahre Puhdys, 55 Jahre Status Quo, 65 Jahre Tina Turner, 88 Jahre James Last oder Combos, die gar nicht bemerkt haben, dass ihnen der Sänger bereits weggestorben ist, wie Karat oder die original Begleitband von Elvis Presley. Ich weiß nicht, wer sich die noch anschaut. Meine Oma ist tot. Aber irgendwas müssen die vielen alten Leute ja tun. Muss ja nichts Sinnvolles sein. Heute wirft man noch BHs, nasse Slips und Kuscheltiere auf die Bühne, doch bald schon werden es Gebisse und Gehhilfen sein.

Die Alternative zu den Zombie-Shows sind die Wiedervereinigungen von Extrabreit, Selig und den Guano Apes. Und wenn man davon enttäuscht genug ist, bleibt man eben daheim und schaut Kurt-Cobain- und Bon-Scotch-Gedenkabende sowie Die-Ärzte-Coverorgien im Offenen Kanal. Ich habe auch am Anfang gedacht, der Name hat was mit Abwasser zu tun, aber das ist wirklich ein Fernsehsender. Auf den starre ich gebannt, während da eine Horde betrunkener Teilzeitmusiker meinen Lieblingsfunpunksong ein für alle Mal zerstört. Der Schlagzeuger klingt, als würde er mitsamt seinem 99,90-Drumkit die Treppe runterfallen. Der Bassist simuliert chronische Flatulenz.

Und ein schlecht blondierter Farin-Urlaub-Klon fragt sich: *Junge, warum hast du nichts gelernt?*

Das frage ich mich auch.

„Gott“

Historisch betrachtet, war Gott anfänglich eine materielle Wesenheit, die man anrief, wenn irgendetwas nicht ok war. Damals gab es ja auch kein Telefon. Aber heute hat jeder ein Handy. Wer braucht da noch so einen Gott? Aber sie werden nicht weniger. Götter gibt es wie Sand am Meer. Schon immer hatte jedes Dorf, jeder Verein seine eigenen.

In Darstellung und Geschichten ist nicht mehr nachvollziehbar, wer von wem geklaut hat.

Götter waren also schon immer Gemeingut (creative commons).

Einschneidend verändert wurde das nur durch vereinzelte monotheistische Tendenzen. Monotheisten glauben an einen einzigen Gott und sind der Meinung, daß alle anderen das auch machen sollten. Mit Religion hat das meistens wenig zu tun, eher etwas mit Macht, Drogenmissbrauch, Größenwahn oder politischen Entscheidungen. Außerdem vertritt man diese Meinung immer mit Waffengewalt. (OK, einige machten das nicht, die lebten aber auch meistens nicht lange oder sie sitzen heute mit Gardinen bekleidet in Parks herum und singen.)

Dieses Metzeln gegen Meinungen ist ebenfalls kein religiöses Problem. Denn immer dann, wenn beim heiligen Krieg nur ein Gott übrig bleibt, dauert es nicht lange und die Gläubigen kloppen sich untereinander. Das ist auch heute noch so, denn schließlich glauben Muslime, Juden und Christen an denselben EINEN, nur eben an andere Propheten. Und selbst diejenigen, die an den allerselben EINEN glauben, wie beispielsweise Katholiken und Protestanten, sind sich nicht zu schade, sich wegen eben dem gegenseitig umzubringen.

Während die Ägypter damals weise genug waren, den Monotheismus wieder abzuschaffen, sind einige Einzelgottheiten nicht totzukriegen. Neben dem EINEN, dem der Mensch besagte drei Weltreligionen widmete, wären da gegenwärtig auch noch Mammon und die Sonne. Im allen drei Fällen führt das religiöse Praktizieren zu Blindheit, Verbrennungen und zu übergroßen Bauwerken.

Die Hautschuppe, die sich der Elefant mit Staub vom Rücken kratzt, weiß auch nichts über den Elefanten, jedoch ist sie wenigstens so intelligent, sich mit anderen nicht über ihre Herkunft zu streiten. Man soll sich kein Bild von Gott machen, nicht, weil er dann böse wird, sondern weil es sinnlos ist, Zeitverschwendung und genau deshalb eine Sünde. Ein mit der Fähigkeit zur Selbsterkenntnis gesegnetes Wesen hat die Pflicht, sich um sich selbst zu kümmern - und um Erkenntnis.

Es kann natürlich auch seine Zeit totschlagen, sich selbst zerstören, ablenken, mit unheilbaren Krankheiten anstecken oder mit Sachen beschäftigen, die es nie begreift. Das ist seine Privatsache. Aber wenn es beginnt, deshalb andere zu behelligen, zu verbiegen oder gar zu töten, dann hört der Spaß auf. Auch wenn der heilige Krieg der im Schlamm klebenden Hautschuppen unseren Elefanten noch nicht einmal kratzen würde. Auch nicht der Irrglaube einiger Hornzellen, daß sie es irgendwann wieder zurück zu jenem Wesen schaffen, zu dem sie einst gehörten.

Würden sie in sich hineinschauen, dann würden unsere Hautschuppen komische Sachen entdecken, wie zum Beispiel kryptische Verkettungen, die wunderbarerweise alle Erbinformationen des Elefanten in sich tragen. Nur sollte sich diese Hautschuppe nichts darauf einbilden, denn die DNA allein macht sie noch nicht zum Elefanten. Und weil Hautschuppen eben nicht dazu in der Lage sind, in sich hineinzuschauen, gibt es keinen heiligen Krieg der abgewetzten Hautpartikel. Daß in den Suhlen der grauen, großohrigen Eminenzen kein blutiges Gemetzel tobt, verdanken wir einzig und allein jener Instanz, die des Elefanten Hautschuppen mit Blindheit beschenkte, jener Instanz die sich den Elefanten ausdachte. Auch hat sie schlauerweise den Elefanten so gebaut, daß er keine komischen Fragen stellt und sich nicht für Gott hält.

Bei uns Menschen ist da etwas schiefgelaufen. Wir kloppen uns in der Badewanne des Wesens, von dem wir uns durch Seife und Waschlappen gelöst haben - wegen unserer Meinung über unsere Herkunft. Wir nennen dieses Wesen „Gott", obwohl der Typ, der sich gerade vor der Wanne abtrocknet und im Begriff ist, den Stöpsel zu ziehen, selbst keine Ahnung hat, wo er herkommt und wo er hingeht.

Das einzige Gottgleiche, was wir finden können, liegt in uns selbst. Und genau das ist der Punkt, in dem wir uns gleichen.

Um das herauszufinden, sollten wir miteinander reden und dabei die Unterschiede akzeptieren. In unserem Dasein, in unseren Anschauungen und in unserem Denken und Fühlen. Das bißchen Gott, das wir ins uns zu tragen uns anmaßen, gilt es zu aktivieren.

Und Gott schöpft bekanntlich.

Also sollten wir unser schöpferische Kraft finden und nutzen - so lange der Typ, den wir Gott nennen auf den Klempner wartet, weil der Abfluß verstopft ist.

Freundschaft!

Ich schließe die Tür meines ehemaligen Jugendzimmers, sie springt wieder auf. Erst als ich die Klinke nach oben drücke und mit ganzer Kraft daran ziehe, macht es leise „Klack". Die Zeit bleibt stehen. Und bewegt sich dann ächzend und schnaufend, wie eine Dampflok der Deutschen Reichsbahn, in die andere Richtung. Rückwärts, erst langsam und laut und dann immer schneller. Die Schienen unter den rostigen Rädern beginnen ihr Lied ...

...da dabb, da damm, da dabb, da damm ...

Wie zerbrechlich offenbart sich mir das Kind, was ich einst war, wie tragisch jener Don Quijote, der aus ihm geworden ist, der trunken vom kleinen leberzersetzenden Glück auf seinem benzinfressenden Zweitaktesel gegen die Armee der Finsternis ins weite Feld hinausritt.

Auf der durchgelegenen Klappcouch liegt mein alter Teddybär unter Staub und toten Spinnen. Er atmet schwer und ohne Puls, wie ich damals, als Doreen dort lag und nichts passierte. Ich wünschte mir, sie wäre jetzt hier, doch sie ist 44, alkoholabhängig und verheiratet. Ich lasse mich fallen und Wolken steigen auf. An den Wänden kleben Mücken aus zwanzig Sommerkriegen und über mir weint Billy Idol mit Nena und Kim Wilde ein Lied von der gar nicht so guten und noch nicht mal alten Zeit. Es gab kein Fleisch für die Fantasie, nur bunt bedrucktes Papier, das grässliche Tapeten überdecken sollte. Ein paar nasse Träume und selbstgebastelte Nietenarmbänder, für die man heute einen Waffenschein braucht.

Wir haben die Toten wecken wollen.

Die Toten, die sich Eltern nannten - und die Onkel, und die Tanten, irgendwelche Leute, die man uns vor die Nase setzte, wie aufgewärmten Spinat mit Spiegelei im Speisesaal. Zombies, die nach drei Bier Staatsfeind spielten, nach dem dritten Pfeffi versuchten, dreckige Witze zu erzählen und erst nach dem zehnten Goldbrand endlich das Wort „Fotze“ über die Lippen brachten. Und die erst dann „Sieg Heil!“ grölten, wenn wirklich alle besoffen waren.

Wir brüllten „Weckt die Toten“ und wäre uns das gelungen, damals, dann würden sie jetzt in Würde sterben können oder ihre Bürde abwerfen und den Hochsicherheitstrakt verlassen, in dem sie ihr und unser Dasein fristeten, aber wir haben versagt. Tote sterben nicht. Die Zombies finden keine Ruhe, sie sind die Ruhe selbst. Sie haben sich die Zungen herausgeschnitten und die Beine gebrochen. Und dann wurden die elektrischen Zäune abgebaut.

In meinem alten Kleiderschrank feiern Mottenleichen ihren längst verfallenen Sieg. Sie erstickten an Chemiefasern, Baumwollersatz und ungenießbaren Parolen. Neben dem Ofen stapeln sich Bücher, die Geschichten bergen, die keine sind, nur Papier, in das immer die selbe Botschaft verpackt war, Ulbrichts zehn Gebote als Abenteuerroman, als Comic, als Gegenwartsliteratur. Die diktierten Helden kochten unsere Hirne weich: Huckleberry Finn war auch nur ein Thälmannpionier und die großen Krieger der Menschheitsgeschichte waren allesamt Befreier der Arbeiter und Bauern. Auch in Malaysia, im Urwald, am Äquator, wo es keine Arbeiter und Bauern gab, nur Menschen, die kein morgen kannten, die im Jetzt lebten und sich nicht mal auf Bildern selbst erkannten, weil sie nie einen Spiegel benutzt haben. Freie Menschen, die jagen und sammeln.

Wir sammelten Matchboxautos und Zeitungsbeilagen, die uns heute die Ausländer nicht einmal mehr in die Briefkästen werfen dürfen. Freiheit war und ist für uns Zombies nur ein Song von Marius Müller-Westernhagen. Dann gibt es noch eine Münchner

Freiheit und eine Neue Freiheit. Das eine ist eine Schlagercombo und das andere wird vom Verfassungsschutz überwacht.

Eine andere Freiheit gibt es nicht.

Hatte man erst einmal die Arschbacken beiseite geschoben, wurde es dunkel. Dann brauchte es blindes Vertrauen in den Darmverlauf des Vorgesetzten. Und an jeder Windung ein Abschnittsbevollmächtigter. Nach unten treten war erlaubt, nur beten nach oben war verboten. Es gab keinen Gott. Wir mussten uns durchbeißen, wie ein Bandwurm, durch die Reste von Krimsekt und Kaviar, nur um irgendwann am anderen Ende herauszuschauen und mit säureverbrannter Zunge das auszukotzen, was uns auf unserem Weg durch den Verdauungstrakt entgegenkam.

Wir waren Kindersoldaten, die Angst vor Torgau hatten, warfen mit grünen Apfelsinen nach Katzengoldmedaillen und wir töteten für verchromte Plastikabzeichen.

Weiße Hemden wurden blau und blaue Halstücher wurden rot, sonst änderte sich nichts.

Schon als Kleinkind kamen wir in den Krabbelstall und die Holzgitter waren das Ende der Welt. Der Stall hatte keinen Boden. Wenn man drüberklettern wollte, kippte er einfach um und man brach sich das Rückgrat. An ein Verschieben der Gitter war in der oralen Phase nicht zu denken, man probierte es ein oder zwei Mal, dann beschränkte man sich aufs Schreien, wenn man Hunger hatte.

Kina war kein Land, sondern das Grundnahrungsmittel.

Ki-Na.

Kinder-Nahrung. Alle aßen dasselbe, zur selben Zeit.

Diejenigen, die zu schubbern anfingen und so mitsamt dem Gitter durch die halbe Küche robbten, wurden erst festgebunden, dann mit Gewichten beschwert und wenn das nicht half, kamen sie ins Heim. Gute Kinder klettern nicht und ruckeln nicht an den Gittern. Böse Kinder kommen in den Jugendwerkhof. Gute Kinder dürfen ins Ferienlager, zur vormilitärischen Ausbildung und zum Kadergespräch. Wer den Laufstall verließ, stand im Niemandsland. Kontaminiert durch die kollektive Angst vor dem Feind, durch sowjetisches Altöl und Schwermetalle. Wir wurden größer und lernten aufrecht zu gehen und die meisten haben nie wieder versucht, das Gitter zu überwinden oder zu verschieben. Sie sitzen heute auf dem Teppich ihrer Kindheit und warten auf ihre tägliche Medikation und bessere Zeiten. Ihre Eltern schauten heimlich Tagesschau und sie mittlerweile freiwillig nur noch MDR, gehen auf Ostrock-Festivals und erkranken an Krebs und Langeweile.

Sterben geht nicht, wenn man bereits tot ist. Nur wenn man stark ist, eine gewisse Zeit lang schweigt und sich nicht bewegt, legen sie einen in ein Loch und schütten von Waffenbrüdern bepisste Muttererde drüber. Dann wird das Jammern der anderen leiser und man hat endlich Ruhe. Es riecht drei Jahrhunderte nach Altöl und Blei. Irgendwann sickert Blut zu einem durch und man weiß, dass man einen weiteren Krieg verpasst hat ...

Was bleibt, sind Erinnerungen an ein Damals, dass wir damals scheiße fanden. Unsere FKK-Strände waren nur so überfüllt, weil wir uns in der sozialistischen Bademode mehr schämten als gänzlich so, wie der Herrgott, den es nicht gab, uns geschaffen hatte. Das kalte Ostseewasser hielt die Pimmel klein, wenn wir die Frauen beobachteten, die sich in der Sonne räkelten oder, besser noch, wenn sie Völkerball spielten. Von echten Motorrädern, auf echten Autobahnen haben wir nur geträumt. Und von Frauen auch.

Die Erste, mit der es ohne Alkohol klappte, hast Du dann geheiratet. Du wurdest erst Thüringer, später Vater und dann

Kleingartenkoloniekassenwart. Zum Schluss Alkoholiker ... Und dann ist Deine Frau gegangen. Sie hat sich von einem Wessie ficken lassen, laut genug gestöhnt und dann hat er sie mitgenommen, hattest Du zu mir gesagt. Ich meinte nur, ich glaube nicht, dass der Typ die 100 Kilo einfach durch die Gegend getragen hat und äußerte den Verdacht, dass sie freiwillig mitgegangen ist.

Aber erst, als ich Dir sagte, ich könne sie verstehen, hast Du zugeschlagen. Danach haben wir nie wieder miteinander gesprochen. Inzwischen ist Deine Frau wieder bei Dir. Sie hat sich besonnen, Du hast ihr verziehen, jedenfalls hast Du das neuneinhalb Jahre geglaubt.

Dein Sohn ist längst über alle Berge und Doreen hat ein Doppelgrab gebucht. Aber ich glaube, dass sie es, im Gegensatz zu Dir, niemals schaffen wird, so lange zu schweigen, bis sich jemand ihrer erbarmt und sie mit Erde bedeckt.

Sie fanden Dich vier Tage nachdem der Dachbalken Deiner Gartenlaube unter der Last Deines Körpers nachgab. Er schlug ein Loch in Deinen schnapsdurchtränkten Kopf und Du bist, am Boden liegend, mit einem rotbefahnten Abschleppseil um den Hals, ganz langsam verblutet.

Tote können niemals sterben, genauso wenig, wie echte Levis Jeans. *They fade away*.

Mein Besserwessiehandy klingelt.

Doreen ist dran. Sie brächte auch 'ne Flasche Wein mit, sagt sie. Und will ein bisschen über die gute alte Zeit reden. Kurz bevor sie klingelt, lege ich meinen alten Teddy zu den Mottenleichen in den Schrank und werfe noch einen Alfons Zitterbacke, meine Sporturkundensammlung, zwei Trompeterbücher und einen zensierten Hans Christian Andersen ins Feuer, damit es etwas wärmer wird.

Ente gut, alles gut*

Hans-Friedrich blickte über den nebligen See und kaute versonnen auf einem Grashalm. Irgendwie hatte er sich sein Leben anders vorgestellt. Ein Sonnenstrahl durchschnitt grell den daunenweißen Dunst.

Er hatte es noch im Ohr, was ihn gestern sein Freund der Haubentaucher gesagt hatte: „Du hast es ja wirklich geschafft." Dabei blitze es in seinen Augen und neben der Anerkennung konnte er den neidischen Unterton kaum verbergen. „Du hast es ja wirklich geschafft!"

Ja, Scheitern kann viele Facetten haben. Hans-Friedrich schluckte. Bei seinem langen Hals dauerte das etwas länger.

Ein weiterer Sonnenstrahl schoss durch den Himmel wie ein Querschläger und traf ihn direkt auf seinem weißen Gefieder. „Na dann wollen wir mal ..." Leicht würde es ihn nicht fallen, aber was sollte er schon machen. Er war der einzige Schwan auf diesem See und die derzeitige Situation war unerträglich.

Seitdem er aus dem Ei geschlüpft war, hatte er es im Leben schwer gehabt. Seine Brüder und Schwestern hatten ihn von Anfang an gemobbt. „Das ist doch keine Ente!" hatten sie gesagt. „Den würde noch nicht mal ein Jäger schießen wollen, so hässlich ist der."

Und ja wirklich, Hans-Friedrich war nicht nur eine hässliche Ente – er war gar keine Ente.

Aber das wusste damals noch keiner. Seine Mutter schämte sich für ihn. Er musste immer ganz hinten schwimmen und bei ihren Ausflügen über die Wiese im Entenmarsch durfte er nicht mit. Seine Mutter setzte Hans-Friedrich ins Gebüsch und befahl ihm mit erhobenem Schnabel, von dort aus Wache zu schieben.

Eine verantwortungsvolle Aufgabe, schließlich ruhte auf seinen dreckig-grauen schmalen Flügelchen die Sicherheit der ganzen Familie. Hans-Friedrich saß dann unter einem Busch im kalten Schatten, kleine Steinchen und morsche Aststücke drückten spitz und schmerzhaft unter seinen Füßen und er beäugte angestrengt die Umgebung. Die Anspannung war grenzenlos und nichts entging ihm. Keine Amsel, kein Spatz und kein Schmetterling konnte unbeobachtet über die Wiese fliegen. In diesen Momenten fühlte er sich wichtig und nicht gar so lächerlich. Durch seine Hilfe konnte seine Familie bedenkenlos die wärmende Sonne genießen und nach kleinen Insekten suchen.

Es wurde ihm erst später klar, dass es einfach nur ein Ablenkungsmanöver war. Dass Enten gar keinen Aufpasser brauchen. Aber wie sollte man das als pubertierendes Kücken denn begreifen!

Abends musste er immer außerhalb des Nestes schlafen.

Schließlich waren sich alle einig, dass ein graues Küken nur deshalb grau ist, weil es sich nicht putzt. Tatsächlich meinten alle, einen leicht muffigen Duft zu vernehmen, wenn Hans-Friedrich in der Nähe war.

Hans-Friedrich wurde immer größer und größer, sein Hals streckte sich und die Anfeindungen wurden immer schlimmer. Doch irgendwann mauserte er sich. Und Hans-Friedrich war plötzlich kein unförmiges hässliches Entlein mehr, sondern ein schöner Schwan.

Seine Brüder und Schwestern brüsteten sich damit, mit diesem Prachtexemplar verwandt zu sein und die Entenbrüstchen platzten geradezu vor Stolz. Eigentlich wäre es fast das Happy-End eines Märchens gewesen.

War es aber nicht, denn Hans-Friedrichs Selbstbewusstsein grundelte immer noch tief unter der Wasseroberfläche und wollte einfach nicht nach oben kommen.

Wenn nun Kinder an den See kamen, um Enten zu füttern, dann war der schöne Schwan DIE Attraktion. Die anderen Enten legten sich mächtig ins Zeug, um die Aufmerksamkeit auf sich zu ziehen. Sie schwammen in ausgeklügelten Formationen, reckten ihre Schwänzchen in die Höhe, wie man es von ihnen erwartete und quakten, zeterten und guckten betont hungrig. Doch es half alles nichts. Hans-Friedrich war einfach der Porsche unter den Enten. Auch wenn er sich bemühte, nichts zu tun außer einfach nur ein wenig von links nach rechts zu paddeln, bekam er trotzdem die besten Brotkrumen zugeworfen. Das war ihm wirklich peinlich, schließlich hielt er sich selbst (im weitesten Sinne) für eine Ente wie alle anderen Enten auch. Einer aus dem Volk, einer von der Familie.

Natürlich wollte ihm das keiner glauben.

Hinter seinem Rücken fing man an zu tuscheln. Er wäre nur deswegen so groß geworden, weil er seinen Geschwistern immer das Futter weggefressen hätte. Dass er nur deshalb so weiß sei, weil er einen Sauberkeitsfimmel hätte, dass er doch tatsächlich glauben würde, wegen seiner Größe etwas Besseres zu sein. Diese offensichtliche und überhebliche Großkotzerei von Hans-Friedrich rief bei allen Enten ein unglaubliches Geschnatter hervor und immer wenn er an ihnen vorbeischwamm, drehten sie empört bei und reckten ihre kleinen Ärsche und gelben Schnäbel besonders weit nach oben. Schwäne, so sagten sie, seien arrogante Emporkömmlinge, die den anderen nichts gönnen würden.

Hans-Friedrich blinzelte in die aufgehende Sonne.

Es half alles nichts, er musste etwas tun. Abschied nehmen.

Wenn ihn die da unten nicht akzeptierten, dann musste er sich eben nach oben orientieren.

Und so breitete er seine schönen, weißen Flügel aus, nahm mit über das Wasser patschenden Füßen Anlauf und flog davon.

Nach einer halben Stunde überflog er einen See, auf dem große weiße Punkte gemächlich auf dem Wasser schaukelten. Schwäne! Lauter Schwäne! Und im gebührenden Abstand paddelten auch ein paar Enten.

Hans-Friedrich drehte noch eine Schleife, überlegte noch kurz, ob andere Enten netter wären als seine Familie und ob er bei den anderen Schwänen landen könne und legte dann die Bremsfedern ein. Er entschied sich dann doch erst einmal für das Bekannte. Also für die Enten. Es war keine optimale Punktlandung, aber doch ganz passabel wie er meinte und mit einer ordentlichen Bugwelle kam er mitten zwischen den Enten zum Stehen.

Die Enten quakten erschrocken und flatterten aufgeregt schnatternd davon. Hans-Friedrich hatte sich noch nicht einmal vorstellen können.

Etwas bedrückt schwamm er weiter und nur wenig später wurde er herzlich von den anderen Schwänen begrüßt.

Von nun an schwamm er mit ihnen und nach ein paar Tagen hatte er sich sogar in den grazilen langen Hals einer Schwänin verliebt, und sie sich in seinen mächtigen orangenen Schnabel. Hans-Friedrich war glücklich. Jetzt, da er nicht mehr allein war, erkannte er in den Augen der anderen, seine wahre Schönheit.

Das Einzige, was er nicht verstand, war, warum seine Schwänin so rücksichtslos nach den Enten schnappte.

„Weißt du Hans-Friedrich, die Enten erwarten das von uns. Keine Ente nimmt einen Schwan ernst, der freundlich zu ihr ist. Wir persönlich haben nichts gegen Enten, aber man muss Erwartungen auch erfüllen, sonst findet man keinen Frieden.“

Seitdem ist Hans-Friedrich ein Schwan wie jeder andere Schwan auch. Er schnappt nach hässlichen kleinen Enten, ist stolz auf sein weißes Gefieder, verbietet seinen Kindern den Umgang mit Entenküken und das Schlimme daran ist: Er ist sehr, sehr glücklich.

Nachwort und Danksagung

„Morbus Animus“ bedeutet *„Die Krankheit Geist“* und nicht etwa die *„Krankheit des Geistes“* oder *„der kranke Geist“* (morbus animi).

Dieses Buch ist in einer turbulenten Zeit entstanden, die von mir und meiner Umwelt alles abverlangte.

Ich danke Marion Alexa Müller. „Morbus Animus“ gäbe es nicht ohne sie und mich wahrscheinlich auch nicht.

Ich danke Judith Friede für die souveräne Betreuung dieses Projektes und die finalen Nachtschichten.

Ich danke Michael E., Bastian B. und Ronny K.

Und ich danke Dir und Ihnen.

Das *Buch* im Buch erfuhr in der Vergangenheit entscheidende Impulse durch Hilbert von Sturzbach.

Neben diesem *Werk*, das dem Protagonisten Michael E. in welcher Form auch immer aus dem Arm geflossen ist, besteht „Morbus Animus“ aus Erlebnissen und Erinnerungen dieses Menschen sowie aus seinen emphatischen Betrachtungen der Mitpatienten.

Die Reihenfolge ist nicht chronologisch. Sie gestattet mehrere Interpretationen, auch im Bezug auf die Anzahl der Patienten. Jede Geschichte steht aber auch für sich und bedarf diesem Kontext nicht.

Verweise

scientia est potestas:	www.wikipedia.de www.buddhismus-wissenschaft.de gutenberg.spiegel.de/buch/4885/1 (Platon) wwwu.uni-klu.ac.at/gossimit/pap/guest/heroin.htm www.jugendwerkhof-torgau.de www.zeitgeistmovie.com www.zeitgeist-online.de www.neusprech.org
morbus animi:	www.diagnose-schizoaffektiv.de www.dissoziative-identitaetsstoerung.de www.borderline-plattform.de www.borderline-borderliner.de
musica est vita:	www.theussl.de www.goa-trance.de www.faithless.co.uk (Insomnia) www.wumpscut.de (DJ aus LA) www.systemofadown.com www.ratm.com
theatrum lucis:	www.spongebob.de www.donnie-darko.de www.berlin-calling.de www.officialsaw.com www.foxmovies.com/fightclub www.historyx.com focusfeatures.com/film/21_grams
licentia poetica:	Dirk Radtke „Vernissage“, ISBN: 978-3940767288 George Orwell „1984“, ISBN: 978-3548234106 Midas Dekkers „An allem nagt der Zahn der Zeit“, ISBN: 978-3896670830 Die lasterhaften Balladen und Lieder des François Villon: Nachdichtung von Paul Zech, ISBN: 978-3423000437
periplaneta:	www.periplaneta.com (Verlag & Mediengruppe) www.facebook.com/periplanetaverlag www.visionundwahn.wordpress.com www.manegold.de

Inhaltsverzeichnis